世界哲學家叢書

艾　耶　爾

張 家 龍 著

1995

東大圖書公司印行

國立中央圖書館出版品預行編目資料

艾耶爾／張家龍著. -- 初版. -- 臺北
市：東大發行：三民總經銷，民84
　　　面；　　　公分. --（世界哲學家
　　　叢書）
參考書目：面
含索引
ISBN 957-19-1816-4（精裝）
ISBN 957-19-1817-2（平裝）

1.艾耶爾（Ayer, A. J. (Alfred
　Jules),1910-　)-學識思術-哲學

144.79　　　　　　　　　84004662

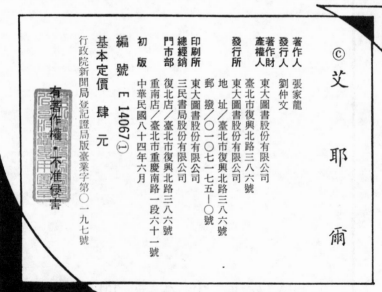

© 艾耶爾

著　作　人　張家龍
發　行　人　劉仲文
產權作人財　東大圖書股份有限公司
發　行　所　東大圖書股份有限公司
　　　　　　地址／臺北市復興北路三八六號
　　　　　　郵撥／○一○七一七五一○號
印　刷　所　東大圖書股份有限公司
總　經　銷　三民書局股份有限公司
門　市　部　復北店／臺北市復興北路三八六號
　　　　　　重南店／臺北市重慶南路一段六十一號
初　版　中華民國八十四年六月
編　號　E 14067①
基本定價　肆　元
行政院新聞局登記證局版臺業字第○一九七號

有著作權·不准侵害

ISBN 957-19-1816-4（精裝）

「世界哲學家叢書」總序

本叢書的出版計劃原先出於三民書局董事長劉振強先生多年來的構想，曾先向政通提出，並希望我們兩人共同負責主編工作。一九八四年二月底，偉勳應邀訪問香港中文大學哲學系，三月中旬順道來臺，即與政通拜訪劉先生，在三民書局二樓辦公室商談有關叢書出版的初步計畫。我們十分贊同劉先生的構想，認為此套叢書（預計百册以上）如能順利完成，當是學術文化出版事業的一大創舉與突破，也就當場答應劉先生的誠懇邀請，共同擔任叢書主編。兩人私下也為叢書的計劃討論多次，擬定了「撰稿細則」，以求各書可循的統一規格，尤其在內容上特別要求各書必須包括(1)原哲學思想家的生平；(2)時代背景與社會環境；(3)思想傳承與改造；(4)思想特徵及其獨創性；(5)歷史地位；(6)對後世的影響（包括歷代對他的評價），以及(7)思想的現代意義。

作為叢書主編，我們都了解到，以目前極有限的財源、人力與時間，要去完成多達三、四百册的大規模而齊全的叢書，根本是不可能的事。光就人力一點來說，少數教授學者由於個人的某些困難（如筆債太多之類），不克參加；因此我們曾對較有餘力的簽約作者，暗示過繼續邀請他們多撰一兩本書的可能性。遺憾

的是，此刻在政治上整個中國仍然處於「一分為二」的艱苦狀態，加上馬列教條的種種限制，我們不可能邀請大陸學者參與撰寫工作。不過到目前為止，我們已經獲得八十位以上海內外的學者精英全力支持，包括臺灣、香港、新加坡、澳洲、美國、西德與加拿大七個地區；難得的是，更包括了日本與大韓民國好多位名流學者加入叢書作者的陣容，增加不少叢書的國際光彩。韓國的國際退溪學會也在定期月刊《退溪學界消息》鄭重推薦叢書兩次，我們藉此機會表示謝意。

原則上，本叢書應該包括古今中外所有著名的哲學思想家，但是除了財源問題之外也有人才不足的實際困難。就西方哲學來說，一大半作者的專長與興趣都集中在現代哲學部門，反映著我們在近代哲學的專門人才不太充足。再就東方哲學而言，印度哲學部門很難找到適當的專家與作者；至於貫穿整個亞洲思想文化的佛教部門，在中、韓兩國的佛教思想家方面雖有十位左右的作者參加，日本佛教與印度佛教方面卻仍近乎空白。人才與作者最多的是在儒家思想家這個部門，包括中、韓、日三國的儒學發展在內，最能令人滿意。總之，我們尋找叢書作者所遭遇到的這些困難，對於我們有一學術研究的重要啟示（或不如說是警號）：我們在印度思想、日本佛教以及西方哲學方面至今仍無高度的研究成果，我們必須早日設法彌補這些方面的人才缺失，以便提高我們的學術水平。相比之下，鄰邦日本一百多年來已造就了東西方哲學幾乎每一部門的專家學者，足資借鏡，有待我們迎頭趕上。

以儒、道、佛三家為主的中國哲學，可以說是傳統中國思想與文化的本有根基，有待我們經過一番批判的繼承與創造的發

展，重新提高它在世界哲學應有的地位。為了解決此一時代課題，我們實有必要重新比較中國哲學與（包括西方與日、韓、印等東方國家在內的）外國哲學的優劣長短，從中設法開闢一條合乎未來中國所需求的哲學理路。我們衷心盼望，本叢書將有助於讀者對此時代課題的深切關注與反思，且有助於中外哲學之間更進一步的交流與會通。

　　最後，我們應該強調，中國目前雖仍處於「一分為二」的政治局面，但是海峽兩岸的每一知識份子都應具有「文化中國」的共識共認，為了祖國傳統思想與文化的繼往開來承擔一份責任，這也是我們主編「世界哲學家叢書」的一大旨趣。

傅偉勳　韋政通

一九八六年五月四日

自　序

　　當代英國著名哲學家艾耶爾的觀點一向以多變而著稱，為了準確地把握他的哲學思想，本書按照他所勾劃的線索，分四個時期加以闡述，並作了分析和評論，最後，本書對艾耶爾的哲學同英國經驗論傳統和維也納學派的現象論分析傳統的關係作了分析，從而確定了他在西方哲學史上的地位和影響。我希望這樣的論述方法能給讀者帶來裨益。

　　《世界哲學家叢書》是一項具有世界意義的哲學基本建設工程。我能為這項工程添磚加瓦，感到十分榮幸。這裏，謹向主編先生深表謝忱！對於本書可能出現的缺點，筆者竭誠期望海內外讀者惠正。

張家龍
1995 年 4 月於中國社會科學院哲學研究所

艾　耶　爾

目　次

第一章　艾耶爾的生平及其哲學思想路線

艾耶爾 (Alfred Jules Ayer, 1910-1989) 是英國當代著名的哲學家和邏輯學家。1910年10月29日生於倫敦的一個木材商家庭。1923-1929 年在著名的伊頓公學讀書，成績優異。他在伊頓公學受的是古典教育，在那裏他學習了希臘語，讀了柏拉圖的著作並研討了前蘇格拉底學說。他在伊頓公學讀的近代第一部哲學著作是羅素 (Russell, 1872-1970) 的《懷疑論文集》，讀後十分信奉羅素提出的「如果你沒有理由認為一個命題為眞，你就不應當相信它。」他還對美學感興趣，讀了克萊夫‧貝爾 (Clive Bell) 的一本藝術著作，非常欣賞貝爾提出的觀點「美像善一樣，是一種不可分析的自然性質。」貝爾在書中向讀者推薦穆爾 (Moore, 1873-1958) 的《倫理學原理》，認為此書能證明這種觀點。為此，艾耶爾讀了《倫理學原理》，曾有幾年相信穆爾的觀點，後來在牛津學習的第二 年才認為這種觀點不正確。1929-1932 年，他在牛津大學基督教會學院學習，畢業時獲文學學士學位。在1931 年他讀大學二年級時，他的導師賴爾 (Ryle, 1900-1976) 向他介紹了維特根斯坦 (Wittgenstein, 1889-1951) 的《邏輯哲學論》。該書對艾耶爾的思想產生了直接的和決定性的影響，他完全贊同維特根斯坦的以下觀點：邏輯和數學的眞命

題是重言式， 它們沒有述說任何東西； 不存在物質必然性； 形
而上學是無意義的； 哲學的功能僅僅是對科學理論和概念進行分
析。但是，艾耶爾並不贊成維特根斯坦的語言圖式論。他在1932
年完成關於《邏輯哲學論》的論文，這是自該書出版10年來首次
在牛津對它進行評論。1932-1933 年多，艾耶爾由他的導師賴爾
介紹前去維也納，在維也納學派創始人石里克 (Schlick, 1882-
1936) 的指導下進修。艾耶爾在那裏深得石里克的賞識，應邀參
加了維也納小組的討論會，深受他們思想的影響。他在 1933 年
返回牛津後任牛津大學基督學院哲學講師，1936年獲文學碩士學
位。在牛津任教期間，他講授羅素、維特根斯坦和蒯因 (Quine,
1908-) 的哲學。 他從維也納返回牛津後即計劃以劍橋的語言分
析學派和維也納學派的基本觀點相結合為基礎，寫一部關於實證
哲學的書。這就是他於1936年出版的成名之作《語言、真理和邏
輯》。第二次世界大戰期間，他於1940年參加英國軍隊，任文職
官員，1943年升為上尉，1945年退役。他在退役後回到牛津，任
沃德姆學院研究員。1946-1959 年任倫敦大學格羅特 (Grote)
講座精神哲學和邏輯學教授。他曾在1954年訪問中國，與大陸哲
學家們進行了學術交流，在北京大學作了關於當代英國哲學的講
演。1959 年起，他任牛津大學威克漢姆 (Wykeham) 講座邏輯
學教授，直至1978年退休。1989年，這位偉大的哲學家的心臟停
止了跳動，終年79歲。

　　艾耶爾一生曾獲許多榮譽稱號。他在1952年當選為不列顛科
學院院士，1962年獲布魯塞爾大學名譽博士學位，1963年被授予
美國科學院名譽院士稱號，1979年被封為爵士。他還擔任過國際
哲學學會聯合會副主席。

艾耶爾一生著述甚豐，有16部書（不包括編的書在內）、一部自傳和許多論文。這16部書如下：1.《語言、眞理和邏輯》（1936年第一版；1946年第二版，增寫了長篇導論）、2.《經驗知識的基礎》（1940）、3.《思維和意義》（1947）、4.《哲學論文集》（1954）、5.《知識問題》（1956）、6.《人的概念和其它論文》（1963）、7.《實用主義的起源》（1968）、8.《形而上學和常識》（1969）、9.《羅素和穆爾：分析的傳統》（1971）、10.《概率和證據》（1972）、11.《羅素》（1972）、12.《哲學的中心問題》（1973）、13.《休謨》（1980）、14.《二十世紀哲學》（1982）、15.《自由和道德及其它論文》（1984）和16.《維特根斯坦》（1985）。

關於艾耶爾的哲學思想路線，他自己曾多次說過，他採取的哲學觀點是經驗主義的一種形式。他的一生的哲學活動始終貫穿著這條主線，直至 1988 年 8 月在英國布萊頓召開的世界哲學大會全體會議閉幕式上，他還做了〈爲經驗主義辯護〉的講演。但是，艾耶爾的經驗主義哲學有其特點，是在不斷發展的。按他自己同意的說法，他的哲學生涯可以分爲四個時期，每一個時期有一部代表作。現簡要說明於下。

一、邏輯實證論時期，代表作是《語言、眞理和邏輯》。該書對於傳播維也納學派的思想起了很大的作用，成爲一本關於邏輯實證論的教科書，在英語國家裏曾經非常暢銷，並被譯成多國文字，產生了巨大的影響。艾耶爾就這本書談了他的思想的來源，他說：「在原版序言中，我曾說過，我的觀點『淵源於羅素和維特根斯坦的學說，而這些學說本身就是貝克萊和休謨的經驗主義的邏輯結果』。我承認與穆爾及其門徒有密切的關係，並聲

稱與維也納學派的成員有最親密的聯繫。我曾說過，在這些人中我受惠於卡爾納普最多。而實際上我的立場更接近石里克，因爲我主張所有經驗陳述都可還原爲感覺材料的陳述，但是我心目中的卡爾納普大概是寫《世界的邏輯結構》的卡爾納普，而不是當時已轉向物理主義的卡爾納普。」❹

艾耶爾在這一時期的中心任務是反形而上學，他使用的武器有兩個：一是證實原則，二是關於分析命題與綜合命題的理論。

二、現象論時期，代表作是《經驗知識的基礎》。這一時期討論的中心問題是要解決我們關於外部世界的知識問題即感覺材料與物質事物的關係、因果律的性質和我們對於他人心靈的知識，此外還討論了命題的意義和性質及對事實的關係。艾耶爾力圖證明，這些問題產生的困難主要是由於對語言的誤用或誤解。他在這一時期發展了在《語言、眞理和邏輯》一書中的現象論觀點，校正了現象論的論題，批評了現象論的翻譯論即還原論（物理對象的陳述可翻譯爲感覺材料的陳述），提出了現象論的構造論觀點（以感覺材料之間關係的一般特點來構造物理對象）。

三、知識論時期，代表作是《知識問題》。艾耶爾首先論證，知道一個事實就在於有權確信它。但懷疑論反對這種觀點。艾耶爾指出，各種懷疑論論證有一個一致的模式，同樣的推論路線被用來否定我們關於外部世界的知識，關於過去事件和他人經驗的知識。他說明不同的知識論可用對懷疑論論證中不同步驟的接受或否定來刻劃。在一般處理了懷疑論和確實性的問題後，他還論述了知覺、記憶和關於他心知識的哲學問題，闡明了自己的

❹ Ayer, A.J. *Philosophy in the Twentieth Century*, Weidenfeld & Nicolson, 1982, Ch. 4, Section 6.

知識論。《知識問題》一書標誌著艾耶爾的現象論的翻譯論（還原論）的終結，從此，他轉向了實在論。

四、構造論時期，代表作是《哲學的中心問題》。艾耶爾在這一時期發展了前一時期的實在論觀點，以中性的可感料爲基礎來構造或設定物理世界。他把這種實在論稱爲思辨的實在論。

下面，我們逐章論述艾耶爾在四個時期的主要哲學理論。

第二章 邏輯實證論時期

第一節 分析命題和綜合命題之區分

分析命題和綜合命題的區分是邏輯經驗主義的一塊基石，是意義標準和證實原則的理論基礎，是拒斥形而上學的一把利器。艾耶爾區別分析命題和綜合命題的思想來源於休謨（Hume, 1711-1776）和維也納學派。休謨把命題分爲兩類：一類是關於觀念與觀念之間關係的命題，一類是關於事實的命題。維也納學派代表人物石里克認爲，一切有意義的命題分爲兩類：一類是分析命題，僅以純粹形式的關係爲對象，是先天的，是一種重言式；另一類是綜合命題，這種命題是後天的，對事實進行描述，可被經驗加以驗證。石里克批評了康德（Kant, 1724-1804）關於「先天綜合判斷」的說法，指出只有先天分析命題和後天綜合命題這兩大類命題；在這兩類之外的一切命題都是無意義的，形而上學就是無意義的命題。艾耶爾繼承了休謨和石里克的思想，並對康德的判斷分類作了校正。康德把分析命題稱爲分析判斷，在分析判斷中，謂詞 B 屬於主詞 A，B 是作爲某種隱蔽地包括在 A 的概念中的東西；在綜合判斷中，雖然這個謂詞是與主詞聯繫著的，但是謂詞 B 處在主詞 A 之外。分析判斷通過謂詞不給主詞的

概念增加任何東西，它只是把我們在主詞中所已經始終思考著的內容，分析爲那些構成分析判斷的概念。綜合判斷給主詞概念增加一個我們在任何方式下都沒有思考過的謂詞，並且這個謂詞不能用分析的方法從主詞中抽引出來。康德舉例說，「一切物體都是有廣延的」是一個分析判斷，因爲這個判斷所要求的謂詞能夠按照矛盾律從「物體」這個概念中抽引出來；但「7＋5＝12」卻是一個綜合判斷，因爲12這個概念在僅僅思考 7 與 5 相加時，還根本沒有加以思考。艾耶爾認爲，康德的區分標準的第一個缺點是把一切命題歸爲主謂命題，而這是毫無根據的；第二個缺點是他採用了兩個標準，把「一切物體是有廣延的」看成是分析命題，其根據是矛盾律，這是用的邏輯標準，而把「7＋5＝12」看成是綜合命題，其根據是「7＋5」的主觀內涵不包括「12」的主觀內涵，這是用的心理學標準。艾耶爾認爲，採用兩個標準是康德分類的致命缺陷，兩個標準是不等值的，一個命題按照心理學標準是綜合的，按照邏輯標準很可能是分析的。兩個符號對任何人不具有同樣的內涵意義，但可能是同義的；因此，從一個人能夠想到 7 與 5 之和而不必然想到12，決不能就推出「7＋5＝12」這個命題可以被否定而不發生矛盾。艾耶爾指出，康德眞正希望建立的是這種邏輯命題，而不是心理學命題。爲了保存康德區別分析命題與綜合命題的邏輯意義，而同時避免那些損害康德實際說明這種區別的混亂，艾耶爾修改了康德的定義，提出了以下的定義：

當一個命題的有效性僅依賴它所包括的那些符號的定義，我們稱之爲分析命題，當一個命題的有效性決定於經驗事

實，我們稱之為綜合命題。❶

他認為，分析命題是先天的，必然的和確定的；綜合命題是或然的，不確定的。邏輯和數學命題是分析命題或重言式命題。

艾耶爾指出，一個綜合概括可能變為一個重言式命題。他說：

> 如果經驗引導我們接受一個很強的信念，即 A 類的每一事物都具有是一個 B 這種性質，我們就傾向於使具有這種性質成為那個類的一個規定特徵。最後，我們可以拒絕稱任何事物為 A，除非它也是一個 B。在此情況下，「所有 A 是 B」這個句子，原來表達綜合概括的，就會獲致表達一個重言式命題。❷

但是，綜合概括與重言式命題是截然不同的。他以「所有人都是有死的」為例說明這個問題。說「所有人都是有死的」是一個必然聯繫的例子，就是說「有死的」概念被包括於「人」的概念之中，這等於說「所有人都是有死的」是一個重言式命題。哲學家可以用這種方式來使用「人」這個字，結果他就會拒絕稱任何東西為人，除非這個東西是有死的。這時，「所有人是有死的」這個句子，對這位哲學家來說，就表達一個重言式命題。但是，這並不意味著我們通常用那個句子所表達的命題是一個重言式命

---

❶ Ayer, A.J. *Language, Truth and Logic*, 2nd edition, Victor Gollancz, 1946, p. 78. 以下引證此書縮寫為 *LTL.*

❷ *LTL*, pp. 95-96.

題。甚至對這位哲學家來說，這個句子仍然是一個真正的經驗假
設。只是現在他不能用「所有人是有死的」來表達這個經驗假
設，他必須用另一種方式說，凡具有一個人的其它規定性質的任
何東西也具有是有死的這個性質。艾耶爾說：

> 當然，當一個哲學家說「所有人都是有死的」這個命題是
> 一個必然聯繫的例子時，他並不想說那個命題就是一個重
> 言式。而是讓我們來指出，如果他所用的那些詞帶有這些
> 詞的通常意義，同時表達一個有意義的命題，那麼這就是
> 他所能說的一切。但我想他之所以認為有可能主張這種一
> 般命題既是綜合的，又是必然的，僅僅是因為他暗中把這
> 個命題和重言式命題等同起來，而那個重言式命題如果給
> 出合適的約定，就可以用同樣一些詞的形式表達出來。這
> 同樣應用於其它一切關於規律的一般命題。我們可以把表
> 達這種一般命題的句子變成表達定義的句子。這樣一來，
> 這些句子就將表達必然命題。但這些句子將是與原來的概
> 括不同的命題。按照休謨的看法，原來的概括決不能是必
> 然的。無論我們如何堅信它們，總可設想將來有一種經驗
> 會引導我們拋棄它們。❸

由此可見，艾耶爾發揮了石里克的觀點，進一步否定了康德的「
先天綜合判斷」。

有一類經驗命題即「基本命題」，它們只涉及單一經驗的內

---

❸ *LTL*, pp. 96-97.

容，可以允許說它們能夠被確實證實。確實證實了這些命題的東西，就是出現了它們所唯一涉及到的經驗。但是，艾耶爾認為，「基本命題」之所以不可能錯誤是因為說出這種命題的人對可以進一步駁倒這種命題的任何事實沒有提出要求。他指出，僅僅記錄一個人的目前經驗，既不能用以傳達任何信息給任何別的人，也不能傳達信息給他自己；因為在知道一個基本命題是眞的時候，他除了由於那個有關經驗的出現所已經提供的知識之外，沒有得到更多的知識。人們認為，用以表達一個基本命題的那些詞的形式，可以被瞭解為表達了某些事物，這些事物既傳達信息給其他人又傳達信息給自己，但是，當這個命題被這樣瞭解的時候，它就不再表達一個基本命題了。正是在這個意義上，不可能有基本命題這樣的東西。艾耶爾通過對基本命題的分析，捍衛了分析命題與綜合命題之分的理論。

第二節　證實原則

　　區別分析命題和綜合命題的目的是為了提出作為意義標準的證實原則。關於證實原則的表述，在維也納學派內部引起了爭論。在艾耶爾寫作《語言、眞理和邏輯》一書時，流行的表述是：一個句子，當且僅當它所表達的命題或者是分析的，或者是經驗上可證實的，這個句子才是字面上有意義的。美國哲學家拉捷洛維茨（V. M. Lazerowitz）批評了這種表述方法，指出除非一個語句是字面上有意義的，不然它就不會表達一個命題。因此，在有一種語句完全不表達任何命題的情況下，用這種方式表述的證實原則作為一個意義標準是不完全的；同時，由這個原則

去回答的問題，在應用這個原則之前就已被回答了，從而使這樣表述的證實原則成爲多餘的。艾耶爾沒有採用這樣的表述，而採用以下的表述來避免困難：

> 我們用以檢驗明顯的事實陳述的眞實性標準就是可證實性的標準。我們說一個語句對於任何既定的人是事實上有意義的，當且僅當他知道如何去證實那個語句想要表達 (it purports to express) 的命題，這就是說，如果他知道在某些條件下什麼樣的觀察會引導他因其眞而接受那個命題，或者因其假而拒絕那個命題。另一方面，如果那個設想的命題 (the putative proposition) 具有這樣的一個特徵，即關於它的眞假的假定是與任何涉及他的將來經驗的性質的任何假定相一致的，那麼，就他來說，這個命題如果不是一個重言式，就只是一個僞命題 (pseudo-proposition)。❹

艾耶爾在 1946 年爲《語言、眞理和邏輯》一書增寫的長篇導言中，對這樣的表述並不滿意。這有兩點理由：1.「設想的」、「想要」這樣的詞屬於心理學；2. 在「設想的命題」既不是分析的又不是經驗上可證實的情況下，就沒有什麼東西能够被正當地說成是這個語句所表達的了。這裏存在一個矛盾：一個語句不表達什麼東西而它所表達的又是經驗不能證實的。爲此，艾耶爾提出了解決這種術語困難的辦法。他把語句看成是由語法上有意義的任何形式的一些詞構成的；每一個直陳句，不管字面上有意

---

❹ *LTL*, p. 35.

義與否，應被看成表達一個陳述。任何兩個互譯的語句將被認爲是表達同一個陳述。命題是字面上有意義的語句所表達的東西。這樣一來，命題類就成了陳述類的子類，證實原則提供了一種用以決定在什麼時候一個直陳句表達一個命題的方法，即提供了把屬於命題類的陳述與不屬於命題類的陳述區別開來的方法。艾耶爾把直接應用於陳述的證實原則表述爲：

> 一個陳述是字面上有意義的，當且僅當這個陳述或者是分析的，或者是經驗可證實的。❺

他在《語言、眞理和邏輯》一書的第一章中對如何瞭解「可證實的」一詞作了考察。他作出了以下兩種區分。

第一，實際的可證實性和原則的可證實性之間的區分。一個命題是實際可證實的，就是說它可以通過實際的觀察加以證實。但是有一些有意義的命題，即使我們想去證實也不能證實，這是因爲我們缺少一些實際的方法使我們有可能完成那些有關的觀察。例如，在月亮的另一面有一些山脈。這個命題是原則上可以證實的，如果我一旦在那個可以作出這種觀察的地位上，我就知道用什麼樣的觀察會使我判定它。

第二，強可證實性和弱可證實性之間的區分。一個命題是強可證實的，當且僅當它的眞實性是可以在經驗中被決定地確立的。但是，如果經驗可能使它成爲或然的，則它是弱可證實的。艾耶爾批評了石里克採用強可證實性作爲意義標準的做法。石里克指出，命題的意義就是它的證實方法，一切在證實方法以外的

---

❺　*LTL*, p. 9.

命題都是無意義的；命題有無意義必須通過觀察看它與事實是否一致，與事實一致的命題是眞的， 反之就是假的。 如果一個命題，從證實方法中根本不知其眞假，那麼這個命題一定是無意義的。石里克認爲，傳統的形而上學命題都是在眞的或假的以外的無意義的命題。可見，石里克的表述採用了強可證實性作爲意義標準，它使科學語言受到太狹隘的限制，不僅排除了形而上學語句，而且也排除某些有事實意義的科學語句。艾耶爾舉出關於規律的一般命題：「砒霜是有毒的」、「所有人都是有死的」、「一個物體在加熱時就會膨脹」，指出這些命題的眞實性不可能由任何有限系列的觀察來確定地證實。如果承認這些關於規律的一般命題被預定爲適用於無限多的情況，那麼這些一般命題甚至在原則上不能被決定性地證實。面對這個困難，石里克宣佈這些一般命題的確是無意義的。艾耶爾認爲，這是說不通的。他提出，除了重言式命題之外，沒有一個命題可能比或然的假設有更大的確定性。可是，按照石里克的原則，完全不可能作出一個有意義的關於事實的陳述。 艾耶爾批評說， 石里克的意義標準是自我愚弄。

同決定性 地證實有關， 艾耶爾還考察了波普爾 （ Popper, 1902-1994) 的證僞原則，不同意把證僞原則作爲意義標準。 波普爾提出，一個語句是事實上有意義的，當且僅當它表達可被經驗確定地否定的某個東西。他假定，雖然要超出一切可能的懷疑去證實一個假設的眞實性，有限系列的觀察永遠不是足夠的，但有一些關鍵情況，在其中一個單獨的觀察，或者一系列的觀察，就可能確定地否定這個假設。艾耶爾認爲，波普爾的假定是錯誤的。當我們把某些觀察的出現作爲一個證據來證明一個給定的假

設是錯的時，我們就預設了某些條件的存在；在斷言某些有關情況不是我們所認為的那種樣子時，不一定就有自相矛盾之處，因此，那個假設並沒有真正被推翻。由於並不是任何一個假設都能被確定地否定，因而我們就不能主張，一個命題的真實性依賴於它被確定地否定的可能性。

因為強可證實性帶來很多麻煩，艾耶爾採用了弱可證實性。弱可證實性有兩種表述方法。第一種表述是：一個設想的命題是有意義的，當且僅當某種可能的感覺經驗同決定這個命題的真假是相關的。第二種表述是：一個真正的事實命題的特徵不是它應當等值於一個經驗命題（即記錄一個現實的或可能的觀察的命題），或者等值於任何有限數目的經驗命題，而只是一些經驗命題可能從這個事實命題與某些其它前提的合取中被演繹出來，而不會單獨從那些其它前提中演繹出來。艾耶爾在《語言、真理和邏輯》一書的導言中將第二種表述修改如下：如果某一觀察陳述可能從一個給定的陳述與某些其它前提的合取中推演出來，而不是從這些其它前提單獨推演出來，那麼，這個給定的陳述是可證實的，從而是有意義的。

艾耶爾關於「強」可證實性與「弱」可證實性的區分受到拉捷洛維茨的批評。拉捷洛維茨指出，如果強證實原則在原則上沒有實際應用的可能性，那麼弱證實原則就不能得到應有的意義，因為弱證實原則是靠強證實原則來闡明的。艾耶爾接受這種批評，他在《語言、真理和邏輯》一書的導言中認為，他在第一章中對可證實性的分析是不能令人滿意的。他考察了弱證實原則的第二種說法，認為它不能成立。從這種說法可推出任何陳述都是有意義的。例如，「『絕對』是懶惰的」和「如果『絕對』是懶惰的，

那麼這是白的」這兩個陳述聯合得出觀察陳述「這是白的」，因為「這是白的」並不是從聯合的前提之一單獨地推演出來，兩個前提都滿足艾耶爾的意義標準。這樣，「『絕對』是懶惰的」就是有意義的了，這顯然是不能接受的。

接著，艾耶爾提出了「直接可證實」和「間接可證實」的概念，並重新表述了證實原則。他說：

> 一個陳述是直接可證實的，如果它本身是一個觀察陳述，或者它是這樣的一個陳述：它與一個或幾個觀察陳述的合取至少得出一個觀察陳述，而這個觀察陳述不可能從這些其它前提單獨推演出來；並且我建議說，一個陳述是間接可證實的，如果它滿足以下條件：第一，這個陳述與其它某些前提的合取，就得出一個或幾個直接可證實的陳述，而這些陳述不可能從這些其它前提單獨推演出來；第二，這些其它前提不包括任何這樣的陳述：它不是分析的，或者不是直接可證實的，或者不能被獨立地確立為間接可證實的。我現在可以把證實原則重新表述如下：證實原則要求一個字面上有意義的陳述，如果它不是分析的陳述，則應當是在上述意義上或是直接可證實的，或是間接可證實的。❻

艾耶爾以為重新表述的證實原則可以避免得出任何陳述皆有意義的結論。但是，出乎他的意料，美國邏輯學家丘奇 (Church, 1903-) 在 1949 年指出，即使按照艾耶爾關於直接證實和間接證

---

❻ *LTL*, p. 13.

實的表述，也可得出任何陳述都是有意義的。例如，複雜公式「或者（非-Q_1和Q_2）或者（Q_3和非-S）」，這裏 "Q_1"，"Q_2" 和 "Q_3"是觀察陳述，它們在邏輯上彼此獨立，"S" 是任一陳述。由於這個公式與 "Q_1" 的合取導出 "Q_3"，據假設 "Q_1" 自身不導出 "Q_3"，因而這個公式滿足直接可證實的條件。由此可得："S"是間接可證實的，因爲 "S" 與上述複雜公式的合取可導出 "Q_2"，而 "Q_2" 不是單獨從上述公式得到的。面對丘奇的詰難，艾耶爾不得不承認：「自從那時以來，有過各種嘗試來更一步修改這個標準以避免丘奇的反例，但迄今沒有一種嘗試獲得成功。」[7]

　　艾耶爾認爲，系統地闡述證實原則的困難以及還不能用邏輯演繹法來限定它，並不表明這一原則眞的就失敗了。他仍然堅持，證實是一種很好的想法。

　　根據證實原則，形而上學的言論是毫無意義的。艾耶爾爲闡述證實原則奮鬥多年就是爲了拒斥形而上學。但是，他晚年對形而上學採取了比較寬容的態度。他指出有些形而上學的產生，是由於對當時所通行的概念體系不滿的結果。這樣的形而上學實際上是爲了探索某種新東西，探索與現代科學相適合的概念體系，以便用來代替原有的概念體系。艾耶爾還認爲，某些形而上學可以看成「構造性的分析」，這種分析試圖提出新的概念，改變我們觀察世界的方式，提供一個同我們的觀察相適合的根本不同的體系。他認爲形而上學的探索也可能對知識作出重要貢獻，甚至說某些形而上學研究提出過一些十分重要的邏輯論點。

---

[7]　Ayer, A. J. *The Central Questions of Philosophy*, Weidenfeld & Nicolson, 1973, p. 27. 以下引證此書，縮寫爲 *CQ*.

第三節　現象論的肇始

艾耶爾聲言，他在《語言、眞理和邏輯》一書中採取了徹底的現象論觀點。下面我們對他的觀點作些分析❸。

艾耶爾的現象論直接來源於石里克的現象論觀點：「所有觀察陳述都可還原爲關於感覺材料的陳述」，其歷史淵源則是貝克萊（Berkeley，1685-1753）的理論。貝克萊從現象論出發，並不否認物質事物的實在性，他認爲，我們說到屬於一個單一物質事物的各種「感覺觀念」，並不是說這些感覺觀念聯繫到一個單一的不可觀察的作爲基礎的某物，而是說這些觀念是處於某些相互關係之中，貝克萊用「觀念」一詞是指感覺所給予的一個成分，而他假定感覺中直接給予的必然是心理的東西。艾耶爾認爲這是錯誤的，是應當反對的，他用一個中立的詞「感覺內容」來代替貝克萊的「觀念」。

艾耶爾提出的「感覺內容」這個概念是艾耶爾現象論的基石。感覺內容不僅指「外界的」感覺的直接材料，而且指「內省的」感覺的直接材料。感覺內容構成感覺域，由各個感覺域構成了感覺經驗。

現象論的一個首要問題是：物質事物能不能由感覺內容來下定義？艾耶爾認爲，貝克萊發現了物質事物可用感覺內容下定義，這個論點是有效的，但貝克萊未能對感覺內容構成物質事物的方式作出完全正確的說明。艾耶爾吸取了貝克萊的論點，提出「物質事物是由感覺內容作成的邏輯構造」。什麼是邏輯構造

---

❸　*LTL*, Ch. 3, 7.

呢？當我們說到某些對象 b，c，d，……是一個對象 e 的元素，而又說到 e 是由 b，c，d，……所構成時，這並不是說 b，c，d，……構成 e 是這樣的意義：即如同說我的手臂是我的身體的一部分，或者我的書架上的特別一套書是我的藏書的一部分。它的意義是，符號 e 出現於其中的所有句子，能夠翻譯成爲不包括 e 自身，或者與 e 同義的任何符號，但包括符號 b，c，d，……於其中的句子。在這種情況下，我們說 e 是 b，c，d，……作成的邏輯構造。說桌子是由感覺內容作成的邏輯構造，是一個語言的斷定，它是說「桌子」這個符號可以用代表感覺內容的某些符號來下一個使用中的定義，而不是下一個顯定義。（所謂對一個符號下顯定義，就是說：提出與這個符號同義的另一個符號或符號表達式；所謂對一個符號給出一個使用中的定義，就是說：不是要給出這個符號與某個其它符號同義的方法，而是要表明這個符號有意義地出現於其中的那些句子，如何能夠翻譯成等值的句子，這些等值的句子不包括被定義者本身，也不包括它的任何同義語。）這樣，包括「桌子」這個符號的句子，或者在具有和漢語同樣結構的任何語言中，與「桌子」這個符號相應的符號的句子，完全可能翻譯爲同一語言的一些句子，這些句子不包括那個符號，也不帶有它的任一同義語，但卻包括代表感覺內容的某些符號。這個事實可以不精確地表達爲：說到關於桌子的任何東西就總是說到關於一些感覺內容的東西。艾耶爾指出，這並不意味著，說到關於桌子的某些東西，就總是說到與桌子相關聯的感覺內容的同一東西。他舉例說，「我現在坐在桌子前面」這個句子，原則上可以翻譯爲不提到桌子而僅僅談到感覺內容的句子。但是這並不是意味著我們能夠簡單地用一個感

覺內容的符號來代替原來句子中的「桌子」這個符號。要得到一個等值於提到桌子的那個句子的句子，但代之以說到感覺內容，整個原來的句子就必須改變。綜上所說，我們說桌子是感覺內容作成的邏輯構造，完全不是說，符號「桌子」能用代表感覺內容的那些符號來下一個顯定義，而只是說，符號「桌子」可以用代表感覺內容的符號下一個使用中的定義。而使用中定義的作用並不是供給我們以任何符號的同義語，而是使我們能夠翻譯某一類型的句子。（兩個句子被稱為屬於同一類型，當這兩個句子有這樣的相互關係：即在句子中的每一符號符合於另一句子中的同一類型的符號；並且，兩個符號被說成是屬於同一類型的，就是說這兩個符號總可互相代替，而不會把有意義的句子變為沒有意義的句子。）艾耶爾指出，為把提到物質事物的句子翻譯成為提到感覺內容的句子提供一個實際規則這個問題，也可以被稱為把物質事物「還原」為感覺內容的問題，這個問題是傳統的知覺問題的主要哲學部分。

由上所說，我們可以把艾耶爾關於物質事物的現象論觀點稱為「還原論」。這種理論的核心就是：「什麼是物質事物的性質？」這個問題，與這一形式的任何其它問題一樣，是要求下定義的語言問題。並且，提出來回答這個問題的命題也是一些語言命題，即使這些命題可被表達為好像是事實命題。這些命題是關於符號關係的命題，而不是關於符號所指的事物性質的命題。艾耶爾指出，人們回答「什麼是物質事物的性質？」這個問題，是用普通的詞彙說明，為了使某一個人的任何兩個感覺內容成為同一物質事物的元素，兩個感覺內容之間必須保持什麼關係。這裏，我們來看一看艾耶爾是如何解決這個「知覺問題」的。

艾耶爾首先給出以下定義。當兩個感覺內容沒有性質的差別，或僅有無限小的性質的差別時，我們說兩個感覺內容互相直接類似。當兩者被一系列的直接類似所聯繫起來，但兩者本身不是直接類似時，我們說兩者互相間接類似，這兩個感覺內容之間的關係存在的可能性是根據以下事實：性質上無限小的差別的關係積（兩個關係 R 和 S 的關係積是 X 和 Z 之間成立的關係，當有一個中間項 Y 時，X 對 Y 有關係 R，並且 Y 對 Z 有關係 S），是一種在性質上可覺得的差別。當這兩個感覺內容（視覺的或觸覺的）是屬於一系列實際的或可能的感覺域的相繼成員，並且對於每一個感覺內容在其自身的感覺域中的位置來說，它們沒有差別或只有無限小的差別時，我們就說：它們是直接連續的；當它們被這種直接連續的實際的或可能的系列相關聯起來，它們就是間接連續的。艾耶爾在給出這些定義之後，接著解釋了「一個感覺經驗或一個感覺域或一個感覺內容是可能的而不是實際的」這句話意味什麼，這是說：它不是在事實上曾經出現或將要出現，而是說：如果某些特殊條件被滿足時，它就會出現。所以當我們說一個物質事物既是由實際的又是由可能的感覺內容所構成時，我們所斷定的只是：涉及感覺內容的句子（它是涉及任何物質事物的句子的翻譯）既是直言的又是假言的。因此，一個可能的感覺內容或感覺經驗的概念，同我們熟悉的假言陳述的概念一樣，是沒有異議的。

根據以上定義，艾耶爾作了以下斷定：

關於一個人的任何兩個視覺感覺內容，或關於一人的任何兩個觸覺感覺內容是同一物質事物的元素，當且僅當它們在某些方面被一種直接的或間接的類似關係所相互聯繫，

並被一種直接的或間接的連續關係所相互聯繫。這些關係中的每一種都是對稱的（即在 A 項和 B 項之間成立的關係不能不也在 B 項和 A 項之間成立），並且也是傳遞的（即一個關係如果在 A 項和 B 項之間成立並且在 B 項和 C 項之間也成立，那它在 A 項和 C 項之間一定成立）。所以，由這些關係所構成的那些視覺的和觸覺的感覺內容群不能具有任何共同的成員。這就意味著沒有一個視覺的或觸覺的感覺內容能夠成為一個以上物質事物的元素。

這些分離的視觸感覺內容群是如何聯繫起來的呢？艾耶爾引進了「視覺深度」和「觸覺深度」的概念。說明一個人的任何兩個視覺和觸覺群屬於同一物質事物，就是說，那個視覺群的每一個元素具有最小的視覺深度，同那個具有最小的觸覺深度的觸覺群的元素一樣，形成同一個感覺經驗的一部分。艾耶爾認為必須用實指的方法來給視覺深度或觸覺深度加以描述。視覺的或觸覺的感覺內容的深度同它的長或寬一樣，是一個可感的特性。當一個視覺的或觸覺的感覺內容比另一個距離觀察者的身體更遠時，則它的深度就比另一個更大。這是一種實指的描述，而不是定義。對於那些被指派給特殊物質事物的味覺、聲音或嗅覺的感覺內容，可按照它們與觸覺感覺內容的聯繫來加以分類。因此，我們可以把味覺的感覺內容指派給被顎或舌所經驗到的、同時出現的觸覺感覺內容的同一些物質事物。在把一個聽覺的或嗅覺的感覺內容指派給一個物質事物時，這樣的感覺內容是在暫時連續的聲音或氣味的可能系列中的一員，它們具有齊一性，但其強度逐漸增加。我們把一個聽覺的或嗅覺的感覺內容指派給一個物質事

物，這個物質事物就是聲音或氣味在系列的最高強度時，同時被經驗到的觸覺感覺內容所指派的同一個物質事物。

艾耶爾在作了以上分析之後，提出了用以翻譯關於物質事物的「實在的」性質的語句的規則。他指出，當我們說到某一性質是一個給定的物質事物的實在性質時，就是說這一性質刻劃了那個事物的這樣一些元素：它們用來度量具有那類性質的所有元素是最方便的。他舉例說，當我注視一個硬幣並說它在形狀上確實是圓的時，我不是斷定那個感覺內容的形狀（它是我正在實際觀察著的硬幣的元素）是圓的，更不是斷定一切關於硬幣的視覺元素或觸覺元素的形狀是圓的；我所斷定的只是那種形狀的圓刻劃著那個硬幣的這樣一些元素：它們從一個觀點被經驗到，而從這一觀點度量那個硬幣的形狀是最方便的。再如，我斷定我正在上面寫字的那張紙的眞實顏色是白的，即使那張紙也許並不總顯得是白的，因爲顏色的白刻劃著那張紙的這樣一些視覺元素：它們是在顏色的最大差別可能存在的條件下被經驗到的。艾耶爾總結說，我們是用這種「特異的」元素之間所具有的性質或位置的關係來給物質事物之間的性質或位置的關係下定義。

艾耶爾在詳細分析了物質事物是由感覺內容作成的邏輯構造之後，對有關感覺內容的三個重大問題提出了自己的解決方案。

第一個問題是，感覺內容是否能不被經驗而存在？艾耶爾的答案是否定的。他不同意把感覺分析爲感覺主體、感覺活動和感覺客體，因爲至少我們既不能證實有被認爲是完成所謂感覺活動的實體存在，也不能證實有作爲一種與感覺活動所直接指向的感覺內容不同的東西──感覺活動本身的存在。艾耶爾承認，一個給定的感覺內容能夠正當地被認爲是被一個特殊的主體所經驗，

但這種被特殊 主體所經驗 的關係是可 用感覺內容 相互之間的關
係，而不是用一個實體的自我和這個實體自我的神祕活動來加以
分析的。這個問題在以下分析感覺內容的主觀性時還要再談。由
上所說，艾耶爾不是把感覺內容當作一個客體來下定義，而是把
感覺內容規定爲感覺經驗的一部分。由此可推出，一個感覺內容
的存在總是導至一個感覺經驗的存在。但是，艾耶爾提醒人們要
注意，當人們說一個感覺經驗或一個感覺內容存在時，他所作的
這個陳述，與他說一個物質事物存在時所作出的陳述是不同類型
的。物質事物的存在，是用作成物質事物這個邏輯構造的感覺內
容之實際的和可能的出現來下定義的。但人們不能有意義地說到
由感覺內容所組成的一個感覺經驗的整體，或者說到感覺內容本
身，似乎它是由感覺內容作成的邏輯構造一樣。艾耶爾認爲，說
一個給定的感覺內容或感覺經驗存在時，只是說這個感覺內容或
感覺經驗出現了。因此，說感覺內容和感覺經驗的「出現」比說
它們的「存在」要恰當，這樣也可避免把感覺內容看成物質事物
的危險。

　　第二個問題是，感覺內容是心理的還是物理的？艾耶爾的回
答是：感覺內容既不是心理的又不是物理的；或者說心理的東西
與物理的東西這種區別不適用於感覺內容。這種區別僅適用於由
感覺內容作成的邏輯構造這樣的對象。但是把一個邏輯構造與另
一個邏輯構造區分開來的東西乃是由不同的感覺內容或不同地聯
繫著的感覺內容所構成的。所以，當我們把一個給定的心理對象
與一個給定的物理對象區別開來，或者把一個心理對象與另一個
心理對象區別開來，或者把一個物理對象與另一個物理對象區別
開來時，我們都是在區別不同的邏輯構造，而這些邏輯構造的元

素本身不能被認爲是心理的或物理的。誠然，一個感覺內容既是一個心理對象的元素又是一個物理對象的元素，這並非不可能；但有些元素或有些關係在那兩個邏輯構造中必然是不同的。

第三個問題是，感覺內容的主觀性問題，即感覺內容出現在一個以上的單一自我的感覺歷史中在邏輯上是否可能的問題。艾耶爾認爲，自我如果不是被作爲形而上學的東西看待，就必須認爲是由感覺經驗作成的邏輯構造。他說，自我是由構成一個自我的實際的和可能的感覺歷史之感覺經驗作成的邏輯構造。任何兩個感覺經驗之屬於那同一個自我的感覺歷史，其充分必要條件是它們應當包括作爲同一身體的元素的那些有機的感覺內容。但是，因爲任何有機的感覺內容在邏輯上不可能是一個以上的身體的元素，「屬於同一自我的感覺歷史」的關係就成爲一種對稱的和傳遞的關係。由此可推出，構成不同自我的感覺歷史的那些感覺經驗系列不能具有任何公共份子。這就等於說，一個感覺經驗要屬於一個以上的單一自我的感覺過程是邏輯上不可能的。因爲感覺內容包括在單一的感覺經驗之中，所以，如果一切感覺經驗都是主觀的，那麼一切感覺內容也是主觀的。艾耶爾接著批評了那種把自我看成實體的觀點，認爲這個實體的自我是一個完全不可觀察的東西。他反駁了「自我是在自我意識之中顯露出來」的假定，其理由是：包括在自我意識中的全部東西就是自我回憶它以前的狀況的能力，說自我Ａ能回憶一些它以前的狀況，這只是說構成Ａ的某些感覺經驗包括以前已經在Ａ的感覺歷史中出現的那些感覺內容的記憶映像。由此可見，自我意識的可能性決不包含實體自我的存在。但是，如果實體自我不在自我意識之中顯示出來，它就不在任何地方顯示出來了。這樣一個東西的存在是完

全不可證實的，因此，實體自我存在的假定是形而上學的。艾耶爾的結論是：說到有關自我的任何東西，就是說到關於感覺經驗的一些東西，在此意義上，自我可以還原爲感覺經驗。這與把物質事物還原爲感覺內容是一致的。

　　同感覺內容的主觀性有關，如何去分析他人的經驗呢？正如給物質事物和我自己的自我下定義必須用它們的經驗顯示一樣，給其他人下定義也必須用其他人的經驗顯示，即用其他人身體的行爲，歸根結底是用感覺內容來給他們下定義。物質事物的存在和他人的存在都是用感覺內容的適當系列在我的感覺歷史中的出現來證實的，因此我們有充分理由相信它們。艾耶爾指出，不應當認爲把其他人的經驗還原爲一個人自己的經驗意味著否定其他人的實在性。如果我知道一個對象完全像一個有意識的東西按照定義所必須行動的那樣行動，那麼我就知道這個對象是眞正有意識的。艾耶爾認爲這是一個分析命題，因爲當我斷定一個對象是有意識的，我只是斷定這個對象對任何可以設想的檢驗都會有所反映，表明它是意識的經驗顯示。一個人的感覺經驗的私有性同相信其他人的存在是相容的，因爲給其他人的存在下定義是用某些感覺內容的實際出現和假設出現，這樣，所必需的感覺內容在一個人的感覺歷史中出現就使他有充分理由相信除他自身以外還有其他的有意識的東西存在。

　　艾耶爾的現象論中，還有一個重要概念，即「共同世界」。他說：

　　　　我們的現象論不僅與我們每一個人有充分理由相信許多同
　　他自身同類的有意識的東西存在這一事實相容，而且也與

我們每一個人有充分理由相信這些有意識的東西彼此聯繫並與他聯繫，而又居於一個共同世界之中這一事實相容。
⑨

這可從兩個方面加以說明。第一，我們每一個人都必須依據他自己所能觀察到的東西來給其他人的感覺經驗內容下定義。我們確定兩個人的感覺經驗性質上的同一與差異是依據這些感覺經驗對經驗檢驗的反應的相似與不相似。例如，決定兩個人是不是有同樣的色覺，我們就去觀察他們在遇到一切有色空間時是否以同樣的方式加以分類；並且當我們說一個人是色盲，我們所斷定的是他給某些有色空間分類與多數人所做的分類方式是不同的。第二，我們每一個人觀察了在他自己方面和其他人方面的行為，因而構成所必需的理解，這就使他有充分理由相信他與其他有意識的東西居住在一個共同世界之中。

第四節　評艾耶爾的兩個教條

對艾耶爾在邏輯實證論時期所提出的現象論觀點，我們留待下一章來進行總的評論。本節我們僅對他的兩個教條——分析命題和綜合命題之分以及證實原則進行評論。

蒯因在〈經驗論的兩個教條〉這篇著名論文中指出，關於分析命題與綜合命題的區分理論是現代經驗論者的一個非經驗的「教條」，他們根本沒有劃出這條分界線來。下面我們介紹蒯因的

---

⑨　*LTL*, p. 131.

詰難❿。

　　蒯因首先把一般分析陳述分爲兩類。第一類是邏輯眞理，它
是這樣一種陳述：它是眞的，而且在給予它的除邏輯常項以外的
成份以一切不同解釋的情況下，它也仍然是眞的。例如，「沒有
一個未婚的男子是已婚的」，它不僅照現在的樣子是眞的，而且
要是給「男子」和「已婚的」這兩個詞以一切不同的解釋，它都
仍然是眞的。第二類分析陳述，可通過同義詞的替換而變成一個
眞理，例如，「沒有一個單身漢是已婚的」；在其中以「未婚的
男子」來替換它的同義詞「單身漢」，就變爲一個邏輯眞理「沒
有一個未婚的男子是已婚的」。蒯因對第二類分析陳述考察了「
分析性」概念，這裏要依賴一個和分析性自身同樣需要解釋的「
同義性」概念。如何解釋同義性呢？蒯因作了深入考察，並得出
了否定性的答案。

　　（一）定義不是同義性的根據。例如，把「單身漢」定義爲
「未婚的男子」，就可把「沒有一個單身漢是已婚的」還原爲一
個邏輯眞理「沒有一個未婚的男子是已婚的」。但是，我們怎麼
知道「單身漢」被定義爲「未婚的男子」呢？無非是依據詞典。
詞典編纂人把「單身漢」釋義爲「未婚的男子」，是因爲在流行
的用法中已不明顯地含有這兩個語詞形式之間的同義性關係。可
見，這種定義只是詞典編纂人對觀察到的同義性的報道。一般說
來，除了明顯地根據約定引進新記號的極端場合，定義是以在先
的同義性關係爲轉移的，並不掌握同義性和分析性的關鍵。

　　（二）保全眞值的互相替換性不是同義性的充分條件。這裏

❿　參看 Quine, W. V. O. *From a Logical Point of View*, 2nd
　　edition, revised, Harvard University Press, 1980, pp. 20-46.

可分以下兩種情況來討論：1. 同義詞並非完全能保全眞值地互相替換。例如，在 "bachelor of arts"（「文學士」）中，用 "unmarried man"（「未婚的男子」）來替換 "bachelor" 是荒謬的。2. 關於認知的同義性，在含有「必然地」模態副詞的語言中，「必然地所有和只有單身漢是單身漢」可等值地變爲「必然地所有和只有單身漢是未婚的男子」。說「必然地所有和只有單身漢是未婚的男子是眞的」就是說「所有和只有單身漢是未婚的男子是分析的」，這也就是說「單身漢」和「未婚的男子」是認知上同義的。這裏，保全眞值的互相替換性是認知同義性的充分條件。但這樣的語言僅就分析性概念已被瞭解而言才是可理解的，也就是說，分析性概念已被假定。這裏的論證類似於循環論證。3. 在一個外延語言（即外延一致的任何兩個謂詞可保全眞值地互相替換）中，保全眞值的互相替換性並不能保證得到認知的同一性。在外延語言中，「單身漢」和「未婚的男子」可保全眞值地互相替換，這只是說，所有並且只有單身漢是未婚的男子這一陳述是眞的；而不是說，它是分析的。這裏並不保證「單身漢」和「未婚的男子」的外延一致是依賴於意義而不是依賴於偶然的事實，外延一致遠沒有達到解釋分析性時所要求的那種認知的同義性。因此，在外延語言中，保全眞值的互相替換性不是認知同義性的充分條件。

　　（三）定義和保全眞值的互相替換性都不能說明同義性，因而不能作爲分析性的根據。那麼，以語義規則來說明分析性，行不行呢？蒯因回答說：「不行；這會導致循環」。蒯因認爲，要瞭解有變元 "S" 和 "L" 的「S 對於 L 是分析的」一語的意義問題，即使當我們使變元 "L" 的範圍限於人工語言時，也是很困

難的。他先考察語義規則的第一種形式。首先假定人工語言 L。，它的語義規則具有把 L。的一切分析陳述以遞歸法或其它方式逐一指定的形式。這些規則告訴我們這樣那樣的陳述，而且只有這些陳述是 L。的分析陳述。這裏的困難在於這些規則含有「分析的」一詞，而這是我們所不瞭解的。在我們能夠瞭解以「一個陳述 S 對於語言 L。是分析的，當且僅當……」這樣的話爲開端的規則之前，我們必須瞭解「對於……是分析的」這個一般的關係詞，必須瞭解「S 對於 L 是分析的」（其中 "S" 和 "L" 都是變元）。蒯因接著考察了語義規則的第二種形式，它不是說這樣那樣的陳述是分析的，而是說這樣那樣的陳述是包括在眞陳述之中的。這時我們可以說：如果一個陳述不僅是眞的而且按照語義規則是眞的，那麼它就是分析的。這裏實際上沒有任何進展，雖然不再求助於一個沒有解釋的語詞「分析的」，但還是求助於一個沒有解釋的短語「語義規則」。蒯因認爲，並非斷定某一類陳述句爲眞的一切眞陳述都能算是語義規則，否則一切眞理在按照語義規則是眞的這個意義上便會都是「分析的」。因此，決定一種人工語言的分析陳述的語義規則僅僅在我們已經瞭解分析性概念的限度內，才是値得注意的；它對於獲得這種瞭解是毫無幫助的。

克里普克 (Kripke, 1941-) 從另一個角度也批評了關於分析命題與綜合命題區分的理論。他強調要嚴格區別先天命題與必然命題。在邏輯實證論者和艾耶爾那裏，「先天的」與「必然的」是同義的。克里普克認爲，這兩個概念是有區別的，「先天的」是一個認識論概念，「必然的」是一個形而上學概念。由此，先天命題與必然命題不是兩個外延相同的概念。他認爲，後

天必然命題和先天偶然命題都是存在的。涉及兩個嚴格指示詞的同一性命題就是後天必然命題的例子。例如在「啟明星是長庚星」中，「啟明星」和「長庚星」是兩個專名，也是兩個嚴格的指示詞，它們在一切可能世界中都指稱同一個對象，因此，上述命題是在一切可能世界皆真的命題即必然命題。但我們是通過天文學發現才知道「啟明星」和「長庚星」這兩個專名指的是同一顆星，也就是說，我們是後天地知道這一點的，所以，「啟明星是長庚星」是後天必然命題，而不是先天必然命題。科學理論中的同一性命題，例如，「熱是分子運動」也是後天必然命題。這一命題是通過科學研究發現的，顯然是後天的；但我們把「熱」和「分子運動」這兩個詞都看成某種外部現象的嚴格指示詞，因此，熱是分子運動就是必然的了。關於先天偶然命題，克里普克舉的例子是「標準米尺 S 在時間 t。時的長度是一米」。在這個命題中，「一米」是一個嚴格的指示詞，嚴格指示在所有可能世界中的某個長度，這個長度在實際世界中碰巧是 S 在時間 t。的長度；「S 在時間 t。時的長度」卻是一個不嚴格的指示詞，並不嚴格地指示任何東西，在一些非真實的情況下，如果對 S 施加各種壓力和張力，它就可能變長或變短。因此，「S 在時間 t。時的長度是一米」並不是必然的。對於通過指稱 S 來確定米制的人來說，「S 在時間 t。時的長度是一米」是先天地知道的。因為，如果他用 S 確定「一米」這個術語的指稱，那麼作為這種「定義」的結果，他就不需要經過進一步研究而自動地知道 S 是一米長。由上所說，「標準米尺 S 在時間 t。時的長度是一米」是一個先天偶然命題。

　　蒯因和克里普克對分析命題與綜合命題區分理論的批評是擊

中要害的，爲了避免把命題區分爲分析命題與綜合命題兩類帶來的弊病，我主張應採用羅素把命題分爲原子命題（即簡單命題）和分子命題（即復合命題）的做法。簡單命題是不包含其它命題的一種命題，在其構成中不使用邏輯聯結詞（否定、合取、析取、蘊涵等）；復合命題是由命題通過邏輯聯結詞而構成的命題。這種二分法可應用於一切學科，而不會引起異議。

邏輯實證論者和艾耶爾提出的證實原則也受到蒯因的激烈批評。蒯因在〈經驗論的兩個教條〉中認爲，證實原則是還原論的表現，是把整個科學分解爲一個個孤立的陳述，又把每個陳述還原爲關於直接經驗的報告來接受驗證或否證的。他指出，這是經驗論的另一個教條，同認爲分析陳述和綜合陳述是截然有別的教條緊密相連。這兩個教條在根本上是同一的。因此，對證實原則即還原論的否定也就是對關於分析陳述和綜合陳述之分的教條的否定。這個否定就是蒯因提出的整體主義知識觀，其要點有：**⓫**

（一）我們關於外界的陳述不是個別地，而是僅僅作爲一個整體來面對感覺經驗的法庭的。總的來看，科學雙重地依賴於語言和經驗，但這種雙重性不可以有意義地追溯到一個個依次考察的科學陳述。我們的知識或信念的整體，從地理和歷史的最偶然的事件到原子物理學甚至純數學和邏輯的最深刻的規律，是一個人工的構造。它只是沿著邊緣同經驗緊密接觸。整個科學是一個力場，它的邊界條件就是經驗。

（二）在場的周圍同經驗的衝突引起內部的再調整。對某些陳述必須重新分配眞值，一些陳述的再評價使其它陳述的再評價

⓫ 參看 *From a Logical Point of View*, pp. 37-46.

成爲必要。如果在系統中作出非常強有力的調整，那麼在任何情況下任何陳述都可以認爲是眞的。由於同樣原因，沒有任何陳述是免受修改的。

（三）邊界條件即經驗對整個場的限定是不充分的，因此根據任何單一的相反經驗要給哪些陳述以再評價具有很大的選擇自由。除了由於影響到整個場的平衡而發生的間接聯繫，任何特殊的經驗與場內的任何特殊陳述都沒有聯繫。

蒯因後來對他的整體論作了「溫和化」，增加了兩個保留條件：1. 觀察陳述是分別地接受觀察檢驗的，但它們並不獨立於理論。對觀察陳述，整體論仍成立。2. 成群的科學陳述共同作爲一個理論具有觀察結果，該理論的範圍不是整個科學。

蒯因認爲，整體主義知識觀是一種「沒有教條的經驗論」，其後果就是轉向「徹底的實用主義」。他說：

> 每個人都被給予一份科學遺產，加上感官刺激的不斷的襲擊；在修改他的科學遺產以便適合於他的不斷的感覺提示時，給他以指導的那些考慮凡屬合理的，都是實用的。⑫

我認爲，蒯因對邏輯經驗論的兩個教條的批評是擊中要害的。他的整體主義知識觀具有合理內核，但也有其弊端。一方面，他否認有獨立於經驗的分析陳述，這比邏輯實證論者更徹底地貫徹了經驗論；另一方面，他主張在知識系統中作出強有力的調整可使任何陳述爲眞，這實際上是一種融貫論，與經驗論是背

---

⑫ *From a Logical Point of View*, p. 46.

道而馳的。與融貫論相一致，蒯因在理論的評價和選擇中採用了實用主義的眞理標準。

爲了徹底拒斥經驗論的兩個教條，我想對蒯因的整體主義知識觀作些修正，用實踐的整體主義知識觀取代蒯因的整體主義知識觀。我所說的實踐是指人們有意識有目的地改造客觀世界所進行的各種感性的物質活動，也就是人們的社會實踐，它的基本形式有：1. 改變自然以滿足人們物質生活需要的生產活動，這是最基本的實踐的活動，決定著其它一切活動。2. 以調整和改革人與人之間社會關係爲目的的活動，這種活動主要表現爲政治鬥爭。3. 以探索客觀世界奧祕或尋覓有效實踐活動方式爲直接目的的科學實驗活動。此外，科學研究、教育、管理、醫療、藝術等一切同客觀世界相接觸的人們的有目的的感性活動，都是實踐。簡單說來，實踐就是人們爲了創造社會生存的必要條件而進行的全部活動的總和。實踐的整體主義知識觀有以下內容：

（一）各門科學以及作爲一個理論的一組科學陳述都是在實踐的基礎上產生的，它們是僅僅作爲一個整體來面對實踐的法庭的。證實是一種實踐活動，是人們的社會的、歷史的、有目的、有意識的物質感性活動。各門科學知識或一個理論也構成一張整體的網，這張網也同樣面對實踐的法庭。在這張網中，各門科學知識或一個理論同實踐的關係並不是處於同等地位，而是有層次之分的；有的科學知識離實踐較近（如地理和歷史），有的科學知識則離實踐較遠（如純數學）；但是，歸根結底，它們總是受實踐的制約。不僅整個科學的網是一個力場，而且其中的各門科學知識或一個理論也是一個力場，它們的邊界條件都是實踐。雖

然直接觀察的陳述可分別地接受實踐的檢驗，但它們並不是與某個理論無關的。如果某個觀察陳述與一個受到實踐檢驗的理論相衝突，並且如果對該觀察陳述的再次實驗歸於失敗，那麼它就會被拋棄，例如「太陽繞地球運行」這個觀察陳述就是如此。

（二）各門科學知識、一個理論和知識總體內部的各個陳述在邏輯上是互相聯繫的，實踐對於處於力場周圍的陳述的衝突引起內部各陳述的重新調整，對它們的眞值的重新評定。人類的全部科學知識，都是在實踐基礎上產生，也在實踐基礎上不斷向前發展，不是一成不變的。某一條原理或某一部分知識，錯誤的可能性或修改的可能性常常是存在的。因此，只要有一定的實踐方面的根據，人們應當打破迷信，提出新原理，來取代或修改某條大家公認的錯誤原理。例如，長期以來地球中心說統治著人們的思想（包括一些科學家），這種學說認爲地球是不動的，太陽是圍繞地球轉動的。但是，哥白尼在1543年提出了太陽中心說。哥白尼的學說有力地打擊了地球中心說，動搖了當時占統治地位的觀念，在長時期中被認爲是毒草，但事實證明，哥白尼的看法是正確的。

（三）實踐不僅具有普遍性的優點，而且具有直接現實性的優點。因此，實踐是檢驗眞理的標準。人們只有在改造客觀世界的實踐活動中，才能使主觀認識客觀化，從而使自己的思維、所創建的科學知識、理論眞正與客觀現實緊密聯繫起來；人們只有在實踐中獲得了預想的結果，才能證明人們的思想、知識、理論與客觀世界相符合。實踐檢驗也包括用已被實踐證明了的科學理論去檢驗其它理論。邏輯證明或邏輯上的融貫一致是檢驗眞理的輔助手段，不是檢驗眞理的標準；在實踐檢驗的過程中滲透著邏

輯證明的作用，但是歸根結底，邏輯證明本身也受實踐的制約。邏輯規則是實踐億萬次重複的結果，邏輯證明的前提的眞實性不能靠邏輯自身來保證，而只能由實踐來決定，邏輯推論的結果究竟是否符合客觀實際，最終也要經過實踐的檢驗。我們可舉牛頓的萬有引力理論爲例來說明這個問題。牛頓在提出萬有引力理論之後，用數學推理證明：刻卜勒根據實踐求得的行星運動三定律可以由萬有引力公式重新推算出來，由此可知，驅使行星運動的正是引力。後來，發現海王星也是根據萬有引力定律推算出來的。由萬有引力定律還可推出彗星的運動規律和其它天體力學方面的規律。經過實踐檢驗，萬有引力理論就成了一個科學理論。

實踐是檢驗眞理的標準，實踐最終能夠檢驗出認識是否具有眞理性，這是充分的。但是，實踐是一個過程，是在社會中歷史地向前發展的，任何具體的實踐都具有社會的歷史的局限性，實踐對認識的每一次具體的檢驗都具有局部的、未能最終完成的性質。這就是實踐標準的不充分性。正是基於實踐標準的不充分性，一個理論常常不是很完善的，有時它包含個別的錯誤，有時它能解釋一些事實，可是對另一些事實又不能解釋，因此它不是被簡單地拋棄或者被證實，而是要經過一系列的修改和補充，最後才能形成爲一個更精確的理論。例如，哥白尼的太陽中心說的基本內容是正確的，但是哥白尼認爲天體運行的軌道是圓形的，這是不精確的。後來刻卜勒根據更多的觀察材料，證明了行星運行的軌道是橢圓形的，修改了哥白尼的學說。此外，也正是基於實踐標準的不充分性，在科學史上常常有這樣的情形：對同類觀察現象有兩種或幾種科學假說並存；這種並存局面隨著科學的發展會逐步得到澄清。有時幾種假說之中也許只有一個是正確的，如

在關於太陽系的兩個假說——地球中心說和太陽中心說中，只有太陽中心說是正確的。有時幾種假說互相補充，互相吸收，可能以一個較正確的假說爲基礎而發展成爲系統的理論，也可能形成一種統一的理論。例如，現代物理學關於光的學說是：光具有波動和粒子的二重性，對於歷史上產生的波動說和微粒說不是全盤肯定，也不是全盤否定，而是吸收了兩種學說的合理內核，把早先對光的兩種學說在更高一級的實踐和理論的基礎上統一起來，發展成爲系統的精確理論，揭示了光的本質。

綜上所說，我提出的實踐的整體主義知識觀，也就是實踐的證實原則，它包括以下三條原則：1.知識的整體性原則，2.知識的可修改性原則，3.實踐決定理論的兩重性（即充分性和不充分性）原則。這三條原則熔於一爐，而第三條原則是前兩條原則的根據。我以爲，用實踐的整體主義知識觀即實踐的證實原則來取代邏輯實證論者和艾耶爾的證實原則是適當的。

當然，邏輯實證論者和艾耶爾的證實原則具有合理的內核，這就是堅持對意義的澄淸，強調語言的無歧義性，反對濫用語言，拒斥哲學中不知所云的誇誇其談。這些合理的內核在我們的實踐的整體主義知識觀中得到保留，並在科學的基礎上得到發揚。

第三章 現象論時期

第一節 感覺材料的引進

艾耶爾在現象論時期對在邏輯實證論時期的現象論觀點作了進一步的發展和修改，形成了一套完整的現象論體系。首先，他把原來的「感覺內容」(sense-contents) 這一術語改稱「感覺材料」(sense-data)。感覺材料何以能存在？其根據就是錯覺論證❶。

錯覺論證的基礎在於，物質事物對不同的觀察者或對在不同條件下的同一個觀察者可以呈現不同的外觀，並且這些外觀的特性在某種程度上是由諸條件和觀察者的狀態因果地決定的。例如，從一個觀點看來是圓的一個硬幣，而從另一個觀點看來卻是橢圓的；在正常情況下看的一根直棒，在水中看它時卻是彎的；吃了幻覺劑的人，事物看起來改變了它們的顏色。其它如鏡中的像、重影、完全的幻覺如海市蜃樓等都是一些類似的例子。以上情況是視覺外觀的錯覺，在其它的感覺領域（包括觸覺）也出現同樣的情況。例如，對一種食品的口味可隨一個人上腭的條件而

---

❶ 參看 *The Foundations of Empirical Knowledge*, Macmillan & Co. LTD., 1940, pp. 3-11. 以下引證此書，縮寫爲 *FEK*.

變化；由於人手本身的熱或涼因而感到水似乎有不同的溫度；一個硬幣放在舌頭上比放在手掌中顯得大；截過肢的殘疾人也許仍然感到肢體的疼痛。在觀察水中被折射的一根棒子時，我們可假定它在水中實際上不改變它的形狀，由此可得：這根棒子至少有一種視覺外觀是虛妄的，因為它不能既是彎的又是直的。艾耶爾認為，在我們看到的東西不是一個物質事物的真實性質這種情況下，可以說我們仍在看到某種東西，這種東西就是「感覺材料」。通過使用感覺材料這一術語，我們就可回答以下問題：在知覺中我們直接瞭解的對象，如果它不是任何物質事物的一部分，那麼它是什麼？因此，當一個人看見沙漠中的海市蜃樓時，他並不是在感知任何物質事物，因為他認為他正在感知的綠洲並不存在。同時，我們可以論證，他的經驗是有確定的內容的，並不是對空無所有的東西的經驗。因此，我們說他經驗著感覺材料；如果他看到一個真實的綠洲，那麼上述感覺材料在性質上就相似於他將會經驗到的東西；但是在這些感覺材料呈現的物質事物實際上並不在那裏這種意義上，它們是虛妄的。總之，我們直接經驗的東西總是感覺材料而決不是物質事物。艾耶爾對此作了進一步的論證。

第一，在呈現物質事物的可靠的知覺同那些虛妄的知覺之間在種類上沒有任何內在的差別。當我們看見一根直棒在水中被折射從而顯得是彎的時，這時我的經驗在質上好像與我看著實際上是彎的木棒一樣。當我戴著一副綠眼鏡時，我房間的白牆顯得是綠的，這時我的經驗在質上好像與我感知著實際上是綠的牆一樣。艾耶爾分析了經驗所引起的信念，指出在信念中確實有差別。當在正常條件下我們有看見一根直棒的經驗時，我們相信實

際上有一根直棒在那裏；但當直棒經過在水中的折射顯得是彎的時，我們不相信它實際上是彎的；我們不把它在水中看似彎的這一事實作為證據來反對它實際上是直的。在信念中存在這種差別的原因是什麼呢？艾耶爾認為，原因不在知覺本身的性質，而是依賴過去的經驗。我們不相信在水中看似彎曲的木棒實際上是彎的，這是因為我們從過去的經驗知道，在正常條件下它看來是直的。但是，一個不懂得光的折射作用是導致木棒變形原因的小孩自然會相信：木棒實際上像他看到的那樣是彎的。因此，在伴隨可靠知覺和虛妄知覺的信念之間存在著這種差別並不能證明以下觀點的正當性：這些知覺是一般不同對象的知覺，特別是這種差別決不能應用於一切情況。有時發生這樣一種情況：一個虛妄的經驗不僅在質上同可靠的經驗不可區分，而且本身被相信是可靠的，例如，沙漠中的海市蜃樓。反之，有這樣一些情況：實際上是可靠的經驗被相信是虛妄的，例如，我們看到某種東西，感到十分奇怪和不被預料，我們就對自己說：我們一定是在做夢吧！由以上的討論可得出一個結論：孤立地考察一個知覺的特性即脫離它同進一步感覺經驗的關係，就不可能說出它是可靠的還是虛妄的。

　　第二，由以上第一點所說還不足以得出：我們直接經驗的東西總是感覺材料，尚需進一步考察。艾耶爾提出了第二點：即使在我們不直接瞭解物質事物的可靠知覺的情況下，可靠的知覺和虛妄的知覺不但對於它們的性質，而且對於獲得它們的條件，都可以形成一個連續序列。因此，如果我從遠處逐漸接近一個對象，那麼在開始時我可以有一個知覺序列，這些知覺在對象顯得小於它實際那樣的意義上是虛妄的。現假定這個序列終止於一個

可靠的知覺。在這一知覺和它的直接先行者之間的性質差別與序列中彼此相鄰的任何兩個虛妄知覺之間的差別具有同樣的次序；假定我以齊一的步伐行走，以上所說同樣適用於產生該序列所依賴的條件差別。在可靠知覺與在該序列中緊靠它的虛妄知覺之間的關係，同在相鄰的虛妄知覺之間不但相對於性質差別而且相對於條件變化所獲得的關係是同樣的；這些都是程度的差別，而不是種類的差別。事實表明，在可靠知覺與虛妄知覺兩種情況下，被感知的對象是同樣的。艾耶爾據此得出結論說，如果我們承認虛妄知覺是對感覺材料的知覺，那麼我們直接經驗的東西總是一個感覺材料，而決不是一個物質事物。

第三，所有我們的知覺（可靠的或虛妄的）在某種程度上不但因果地依賴於外部條件（如光的特性），而且也因果地依賴於我們自己的生理狀態和心理狀態。在我們認為是虛妄知覺的情況下，我們習慣上承認這是一個事實。例如，木棒看來是彎的，因為它是在水中被看見的；白牆顯得是綠的，因為我正戴著綠色眼鏡；水感到涼，因為我的手是熱的；殺人犯看見他的受害者的靈魂是因為他的內疚或因為他吸了毒。在可靠知覺的情況下，我們不易於注意這樣的因果依賴關係，因為不被預料的和反常的情況的出現才誘使我們去尋找原因。但在這方面，可靠知覺與虛妄知覺之間並不存在本質差別。例如，當我注視我正在其上寫字的一張紙時，我可以說我正在實際上看著它。為了有這個經驗，應當實際上有這樣一張紙在那裏並不是充分條件。其它許多因素是必要的，如光的條件、我離紙的距離、背景的性質、我的神經系統和眼睛的狀態。這些因素為什麼是必要的呢？因為如果我改變它們，那麼我就發現我改變了我的知覺的性質。因此，如果我扭歪

我的眼睛，那麼我就看見兩張紙，而不是一張紙；如果我頭暈目眩，那麼這張紙的外觀就模糊不清；　如果我充分地變更我的位置，那麼這張紙就顯得有不同的形狀和大小；如果沒有了光線，或另一個對象被放在中間，那麼我就完全看不到它了。另一方面，反過來說並不成立。如果這張紙被拿走了，那麼我將不再看到它；但是，光的狀態或我的神經系統的狀態或同我的知覺的出現有關的其它任何因素可以依然如故。由此可得以下結論：在我的知覺和這些伴隨條件之間的關係是，這些條件不是因果地依賴於我的知覺，而我的知覺因果地依賴於這些條件。

艾耶爾據此進一步論證說，物質事物具有以下特點：

> 它們的存在及其本質屬性是獨立於任何觀察者的。但這不適用於我們直接經驗的對象。所以，我們直接經驗的東西在任何情況下都不是物質事物。如果某些知覺被正確地認為是可靠的，而另一些是虛妄的，這是因為它們的對象同物質事物處於不同的關係之中。我們可以允許有對物質事物性質的間接知識。但這種知識必須通過感覺材料的中介才能獲得，因為感覺材料是我們在感性知覺中直接瞭解的僅有對象。

艾耶爾認為，引進感覺材料這一程序是合理的、有用的；但不可假定這程序包含任何事實的發現。在大多數人說他們正在看見一個物質事物的場合，而一個哲學家則說他正在看見一個感覺材料。哲學家的說法與關於事實問題的看法並不矛盾。他不是提出一個能在經驗上被證實或被反駁的新假設，而只是推薦一種新

的字面用法。他向我們提議，不要說看見看起來彎曲的直棒而要說看見實際上有彎曲性質的、並屬於直棒的一個感覺材料；在沒有綠洲的地方不要說看見一片綠洲，而要說看見實際有一片綠洲特性但不屬於任何物質事物的一個感覺材料。艾耶爾指出，我們接受這種推薦並不是因為我們的日常語言有缺陷，而是因為日常語言對我們的特殊目的來說不如感覺材料語言這個工具用得那麼得心應手。具體說來，在對知覺進行哲學思考時，我們的主要目的是分析我們的感覺經驗對我們所提出的關於物質事物的命題，因此對我們有用的就是要有一種術語，能使我們指稱獨立於物質事物的我們經驗的內容。艾耶爾認為，這就是感覺材料語言所提供的。

艾耶爾進一步對感覺材料語言的特點作了分析。錯覺論證所確立的主要命題是：我們所看見的東西（或直接經驗的東西）決不是物質事物，而只是感覺材料。艾耶爾認為，這個結論不是普通意義上的命題。他比較了以下兩個語句：「我決沒有看見物質事物而只看見感覺材料」以及與此語句有相似外觀並且表達關於事實的一個命題之語句「我決沒有看見英磅金幣而只看見英格蘭銀行鈔票」。後一語句表達的命題是受經驗檢驗其有效性的命題。我現在的經驗證實它，但同時我可設想有反駁它的知覺；如果它是假的，那麼我的經驗就會是不同的。可是，在前一語句「我決沒有看見物質事物而只看見感覺材料」中，我們所說東西的真假同我們經驗的性質沒有任何關係；在這種情況下談真或假是錯誤的。如果語句「我決沒有看見物質事物而只看見感覺材料」或表達一個真命題或表達一個假命題，那就表明它與語句「我決沒有看見英磅金幣而只看見英格蘭銀行鈔票」處於同樣層

次，也就是說，它的有效性依賴於經驗事實。但是，在「我只看見感覺材料」和「我在那裏看見物質事物」這兩種說法之間關於事實問題並沒有不一致之處，只不過是一種表達形式比另一種表達形式更爲方便而已。因此，當我的經驗辯護說我只看見感覺材料時的意義，同我的經驗辯護我只看見英格蘭銀行鈔票時的意義是完全不相同的，後者是一個經驗命題的證實問題。在感覺材料的情況下，這是有無外部根據使我們選擇一種描述方法而不是另一種描述方法的問題(這兩種方法對事實而言同樣是眞的)。由此可見，上述兩個語句儘管外表相似，但其意義卻不相同。艾耶爾說：「在一種情況下，我們正在表達一個關於經驗事實的命題；在另一種情況下，我們正在表達關於詞的用法的一種分析。我們可以訴諸經驗來說明，這樣一種分析是明智的或愚蠢的，但我們不能正當地聲言它或是眞的或是假的。」❷

綜上所述，在艾耶爾看來，感覺材料語言是一種方便的關於詞的用法的一種分析，感覺材料語句不表達關於經驗事實的命題，無所謂眞假。究竟什麼是感覺材料？怎樣給感覺材料下定義呢？

艾耶爾說：「感覺材料實際上被經驗。」❸ 他作了如下分析。一個人A正知覺一個物質事物M（而M對A表現有性質X）所表達的命題一般可用感覺材料術語表達爲：A正感覺一個感覺材料S（它實際上有性質X並屬於M）；所謂「知覺」一詞，可假定是指：說一個物質事物被知覺推出說它存在。如果我們不作這個假定，那麼我們必須說的就不是S屬於M而只是A認爲它屬於M，這樣就允許M不存在的可能性，但在其它方面，上述翻譯

❷ *FEK*, p. 28.
❸ *FEK*, p. 59.

是同樣的。由此可得結論：斷定人們實際上經驗感覺材料，這只需要斷定像我正在知覺一個鐘或一枝鋼筆或一張桌子這類命題有時爲眞（所謂「知覺」一詞的意義是：不必然推出這些對象存在）。艾耶爾認爲，感覺材料不是知識的對象。對知識來說，重要的是知識的對象應獨立於對它的知而存在，而感覺材料存在的充分必要條件是它們事實上應被經驗到，因此，對感覺材料的瞭解不是一種知識。艾耶爾爲避免歧義，規範了以下一些詞的用法：「瞭解」（"awareness"）一詞僅與感覺材料相聯繫，「知覺」一詞僅與物質事物相聯繫，「知識」一詞的用法僅限於它的命題意義。

第二節　感覺材料的私有性與物質事物的公共性

艾耶爾認爲，感覺材料的私有性是一種字面上的約定。通常人們不僅說不同的人知覺同樣的物質事物，而且說他們聽到同樣的聲音，或者他們看到同樣的顏色。如果我們選擇使感覺材料語言的規則符合上述用法，那麼我們就允許以下陳述是有意義的：不同的觀察者可以在數字上感覺同樣的感覺材料。但是，使用感覺材料術語的哲學家們在這些情況下卻說：被不同的觀察者所聽的聲音，或所見的顏色，在字面上不是同樣的。它們在數字上是不同的感覺材料，它們被說成是同樣的只是由於它們彼此具有質的相似關係。艾耶爾認爲，哲學家們的說法可使我們避免把感覺材料看成是一種特殊的物質事物的危險，也符合感覺材料是一種直接「給予」的某種東西這一概念。艾耶爾說：

> 所以，我們可以接受以下約定：被任何個別觀察者感覺的感覺材料在數字上不同於那些被任何其他人所能感覺的感覺材料。❹

對感覺材料的私有性可提出如下詰難：使每個人的感覺材料爲他自己所私有完全排除了給予物質世界以任何一種現象論分析的可能性。人們也可以提出這樣的問題：物質事物怎麼可能由若干互相排斥的私人感覺材料集合來構成呢？艾耶爾對此作了回答。他指出，我們用指稱感覺材料所表達的事實大都與我們通常用指稱物質事物所表達的那些事實是同樣的。在這種情況下，說到「構造」或「分析」的意思就是：一種術語被表示爲另一種術語的一個功能。在這個範圍內，那些主張這是語言內部關係問題的哲學家是正確的。但是當他們以表達式「私有的記錄語言」和「公共的物理語言」來代替「私有的感覺材料」和「公共的物理對象或事件」，從而由實質說話方式過渡到形式說話方式時，他們陷入了混亂。艾耶爾指的是卡爾納普等人的觀點。例如，「一件事物是一種感覺材料的複合」是實質的說話方式，而「每一句子，其中有一個事物名稱出現的，是相等於一類的句子，其中沒有事物名稱而有感覺材料名稱出現的」則是相應的形式說話方式。艾耶爾認爲他們陷入混亂是因爲把私有對象的集合放在一起並不能形成一個公共對象，同樣把若干獨立的私有語言放在一起也不能形成一個公共語言。我們通過記錄語言或現象主義語言尋求重新表達我們關於物質事物所作出的陳述，但我們不可把這種

---

❹ *FEK*, p. 155.

記錄語言或現象主義語言看成是 任何特殊個人的性質 。 以下說法： 因爲感覺材料是私有的而物質事物不是， 所以不可能由感覺材料構造物質事物， 類似於這樣的說法： 不可能給出玩單人紙牌的普遍規則， 因爲這種單人紙牌是一個人自己玩的遊戲 。 艾耶爾採用類比法作了以下論證： 設想一種單人紙牌遊戲， 其中每人被認爲有他自己特殊的一副紙牌， 沒有一個人被允許用一副已被其他任何人使用過的牌來玩。 這種遊戲的規則在下述意義上是主體間有效的： 它們能被任何一個碰巧有所需紙牌的人所遵循； 但是否實際有這樣的人這個問題不影響形成這些規則的可能性。 同樣， 建立由感覺材料構造物質事物的諸原則不受是否實際上有一批人而他們都經驗所需的感覺材料這個問題的影響。 如果我是表述這些原則的一個人， 那麼我就必須使用我自己的感覺經驗和我自己對語詞的理解； 如果由於其他人沒有經驗到必要的感覺材料或某些其它原因， 因而他們不理解我按自己理解的方式正在使用的物理術語或感覺術語， 那麼我的「構造」 就只對我自己有效。 但是， 艾耶爾認爲， 事實上我並不相信我的「構造」 只對我自己有效； 恰恰相反， 我常常觀察到其他人作出一些記號， 它們同我用來描述我自己正在經驗的東西的那些記號是一致的； 我使用物理術語或感覺術語對他們產生了這樣的結果： 我所思考的東西是他們所思考的東西的恰當反應。 據此， 艾耶爾認爲， 這是其他人按照我理解語詞的同樣方式來理解語詞的證據。

艾耶爾接著提出一個問題： 根據什麼標準來確定在何時兩個人正在知覺或不是在知覺同樣的物質事物呢？ 他的回答是， 最通常的程序是看他們在描述物質事物的方式方面是否一致。 例如， 我問某人， 他覺得我的新畫如何； 他回答說這是一幅迷人的風景

畫，或說我把它掛在壁爐臺上面，做得得好。如果把「是一幅風景畫」和「掛在壁爐臺上面」這樣的描述應用於我自己正在看見的東西，我就可斷定說：他和我正在知覺同樣的畫；如果他用與我自己的觀察相一致的方式繼續談到這幅畫的形式、顏色和主題，那麼我對上述斷定的信念就加強了。如果他所說的話不應用於我正在看的畫，而我以爲它們是應用於房間內其它某個對象，那麼我就可斷定我們知覺著不同的物質事物。但也可能出現這樣的情況：即他的話不應用於任何我能觀察到的東西，這時我可作出以下判斷：他是在跟我開玩笑，或他是在以一種神祕的方式使用語詞，或我們兩人中之一有錯覺；究竟我接受哪一個，這要由對他的行爲進行進一步觀察來決定。例如，如果我發現在其他人使用語詞「紅」的地方，他總是使用「綠」這個詞，那麼我就不把對這幅畫的一個部分在我看是紅的而他卻描繪成綠的這樣的事實，看成是反對以下命題的證據：我們在數字上知覺著同樣的畫。以上所說的檢驗兩人是否知覺著同一物質事物的標準是一種字面的一致標準，此外，艾耶爾還提出一個重要的檢驗方法，即確定空間的位置。例如，我說另一個人指著的對象與我指著的是同一個對象，而他表示懷疑；我就請他摸一摸他指著的對象，如果我觀察到在他的指尖和那個適當的對象之間顯得是符合的，那麼我就有證據來說明：雖然我們感覺著不同的感覺材料，但我們知覺著同一個物質事物。

綜上所述，艾耶爾在《經驗知識的基礎》一書中對感覺材料的私有性和物質事物的公共性之間的一致性所作的論證，補充、發展了他在《語言、眞理和邏輯》一書中的論點：我們每個人，雖然他的感覺經驗爲他自己所私有，但他具有充足理由相信他與

其他有意識的東西居住在一個共同世界中。

與感覺材料的私有性和物質事物的公共性這個問題有關，艾耶爾還探討了兩個重要的問題，即如何理解關於過去事件的命題以及如何理解關於他人經驗的命題。

在《語言、眞理和邏輯》一書中，艾耶爾認爲，我的關於過去事件的命題是預言「歷史」經驗的規則，而這些經驗通常被認爲是證實關於過去事件的命題的。這實際上暗示說，關於過去的命題可以用某種方法翻譯成關於現在或將來的經驗的命題。艾耶爾後來在《經驗知識的基礎》和《語言、眞理和邏輯》一書的第二版〈導言〉中對此作了改正。他認爲可用現象論術語來分析關於過去事件的命題，這樣的分析就意味著如果某些條件已經實現，那麼某些觀察就會出現。但困難在於這些條件永遠不能實現，因爲這些條件要求觀察者占有按假定他並未占有的時間位置。不過，艾耶爾認爲，這個困難也是關於現在的命題所具有的；關於現在事件的未實現的條件命題，其前件事實上不能被滿足，因爲這些條件命題要求觀察者在他實際占有的空間位置之外占有一個不同的空間位置❺。下面，我們引證艾耶爾在《經驗知識的基礎》一書對關於過去事件的命題所做的分析：

> 也許有人論證說，由於我現在不能觀察任何過去的事件，因而我只能把意義附於這樣一些命題：如果我把這些命題解釋爲指稱一組我現在（或將來）能獲得的經驗，而這些經驗通常被認爲是所說的命題眞實性的間接證據，那麼這

---

❺ *LTL*, pp. 18-19.

些命題看來就指稱過去。但這是錯誤的。因為如果可以說我對經驗命題的理解的限制是與我的觀察的限制同廣大的，那麼我的可能觀察的域不可被認為受以下偶然事實的限制：我是這樣的一個人，碰巧生活在一個特殊時間，碰巧在一給定時刻在空間中占有一個特殊位置。原則上可能的是，我應當作出一些觀察，而這些觀察由於我不是碰巧處於空間中所需的位置，因而實際上不能作出來；同樣原則上可能的是，我應當作出一些觀察，而這些觀察由於我不是碰巧處於時間中所需的位置因而實際上不能作出來。由此可得：對於關於過去事件命題的明顯的時間指稱來說，為使它們能被理解沒有必要對它們進行變形。❻

這裏，艾耶爾使用了證實原則中原則的可證實性和實際的可證實性之區分來說明，原則上關於過去的事件是可以觀察的。

關於他人經驗的命題，艾耶爾在《語言、真理和邏輯》一書中反對採用類比論證。這個論證是說，我知道我自己的行為，特別是我自己對記號的使用，是同某些經驗相關的；這就使我有根據推出：當我觀察到他人的行為與我的行為是同樣時，他們就有相似於我自己經驗的經驗。艾耶爾在反駁這個論證時指出，用論證的方法是不能使一個完全不能證實的假設具有或然性的。我可以正當地使用一種類比論證去證實一個事實上決沒有在我的經驗中出現的對象是或然存在的，只要那個對象能夠出現在我的經驗中是可以設想的，如果這個條件未被滿足，那麼，就我來說，那

---

❻　*FEK*, pp. 167-168.

個對象就是一個形而上學的對象，而關於那個對象存在和具有某些屬性的斷定就是一個沒有意義的形而上學的斷定。而上述的類比論證有一個假定：他人的經驗是我的觀察所完全接觸不到的，根據這個假定，其他人就成了形而上學的對象。因此，艾耶爾建議對一個人自己的經驗可從精神方面去解釋，而對他人的經驗則作行爲主義的解釋；他又把這種觀點加以推廣，認爲這對每一個人都是眞的。艾耶爾後來認識到，這是前後矛盾的。如果我只能從行爲主義角度去理解有關你的經驗的陳述，我就不能設想你是從精神方面去理解它們的，因爲你從精神方面對它們的理解對我毫無意義。在《經驗知識的基礎》一書中，艾耶爾改變了觀點。他認爲，關於他人經驗的命題同關於過去事件的命題沒有本質區別。他說：

> 雖然必然的事實是：構成我的歷史的一系列經驗根本不與構成任何他人歷史的一系列經驗相重疊，因爲現在我不進行選擇把任何意義附加於那些蘊涵著這些系列交叉的陳述，但是，對任一給定的經驗來說，它屬於一個系列而不屬於另一系列，這是一個偶然的事實。因此我沒有任何困難可以設想：可以有一些經驗，它們在這樣的方式（即要求使它們成爲我的經驗歷史中的元素的方式）下同我的經驗無關，但以類似方式彼此相關。這些經驗的內容確實在我的觀察範圍之外（因爲它們形成了一系列經驗的一部分，這一系列不同於構成我碰巧是人的那一系列），但這並不意味著我對它們的指稱是「不可證實的」（在關於超驗對象的陳述不可證實的意義上）。因爲邏輯上不可設想

的是，我應當觀察一個超驗對象，因為據定義它超出所有
可能經驗的極限；但在邏輯上不是不可設想的是，我應當
有一個事實上被某個其他人所占有的經驗。這並不是意味
著任何經驗實際上能既是我的又是某個其他人的，因為我
已說明這個可能性已被我們語言的約定所排除。這只意味
著，關於任何經驗（事實上是除我自己外的一個人的經
驗）可設想它應當不是他的而是我的。關鍵之點是在任何
單獨被考慮的經驗中，除了關係（即該經驗碰巧涉及其
它現象，使它成為一個人的歷史而不是另一個歷史的一部
分）之外，就什麼也沒有了。所以我認為我們可以得出結
論：他人經驗對我的觀察不可達並不作出它們的存在對我
的理解不可達的假設。⑰

以上論證的核心是：任何特殊的經驗是屬於構成一個給定的人的
那一系列經驗，而不是屬於構成別的某個人的另一系列經驗，這
是一個偶然的事實；這就是說，我應當具有一個事實上為別的某
個人所擁有的經驗，在邏輯上不是不可設想的。據此，艾耶爾
說：

　　一旦這個先驗的困難被除去了，就可能依靠類比論證去證
　　明關於他人經驗的信念是正當的，這些論證最強的是這樣
　　一些：它們不是依賴一個人自己和他人身體的現象中的相
　　似性，而是依賴一個人對在他人方面的所謂有目的行為的

---

⑰　*FEK*, pp. 168-169.

觀察，特別是他們對記號的使用。❽

在這之後，艾耶爾在《語言、眞理和邏輯》的第二版導言中又改變了這種觀點。他對類比論證提出了質疑，因爲雖然可能想像有一些環境，在其中我們說有兩個不同的人擁有同樣的經驗，這樣說是方便的；但事實卻是，按照我們現在的用法，兩個不同的人沒有同樣的經驗這個命題卻是必然的；這樣，類比論證就會遭到反駁。因此，艾耶爾傾向於恢復關於他人經驗的命題的行爲主義解釋。但是，他又認爲行爲主義解釋有一種悖論的樣子，這就使他不完全相信這種解釋是眞實的。以上情況說明，艾耶爾在關於他人經驗的問題上的種種解決辦法都沒有能眞正解決問題，陷入了困境。後來，他在構造論時期提出了一個自感滿意的解決方案，這裏不贅。

第三節　感覺材料對物質事物的關係

艾耶爾在《語言、眞理和邏輯》一書中主張，物質事物是由感覺材料作成的邏輯構造；這話的意思是，關於物質事物的陳述可翻譯成一系列實際的和可能的感覺材料的陳述。我們曾把這種觀點稱爲「現象論的還原論」，也可稱爲「現象論的翻譯論」。他在《經驗知識的基礎》一書中抛棄了這個論題，當然這並不意味著他抛棄了現象論立場。他只是對他的現象論觀點作了修改、補充和發展。下面我們稍微詳細一點介紹艾耶爾的觀點。❾

---

❽　*FEK*, pp. 169-170.

❾　同上，pp. 229-274.

艾耶爾首先考察了一個詰難。這個詰難說：現象論者是從「可知覺的情境」這個假概念出發的，直接被觀察的東西通常完全不是感覺材料而是物質事物；所以，以感覺材料可觀察爲根據，認爲物質事物必可還原爲感覺材料的觀點是完全錯誤的。艾耶爾對這個詰難作了反駁，他認爲，我們可以正當地說像房子、樹木和石頭這些事物是直接可觀察的；這種用法也可推廣到包括可靠的知覺和虛妄的知覺，只要允許被「直接觀察」的東西也許事實上不存在，實際上也許沒有表面上具有的那些性質。但是，我們也可以合法地說：只由「感覺材料」這個詞所指示的東西是直接可觀察的；這是因爲一個感覺材料眞實地被感覺這個命題推不出任一物質事物眞實地被知覺，而物質事物眞實地被知覺這個命題總可表示成推出某一感覺材料或另一感覺材料眞實地被感覺。說任何感覺材料不應當眞實地被感覺，這是不可想像的；因爲說一個被經驗的感覺材料不存在或實際上它不具有它表面上具有的性質，這是自相矛盾的。由於在「知覺一個物質事物」和「感覺一個感覺材料」之間有這種邏輯關係，因而可以得出結論：對物質事物的指稱將不闡明被用來描述一個感覺材料的語句之意義，而對感覺材料的指稱將提供關於物質事物的陳述之意義的一般說明，表明根據何種證據這些陳述可被證實。艾耶爾認爲，這可被看成是現象論分析的目的。

艾耶爾指出，爲「說關於物質事物的任何東西總是說關於感覺材料的某個東西（雖然不是同樣的東西）」這個要求進行辯護的最好方式是提供若干樣本翻譯，但是這是無人能夠做到的。爲什麼呢？這是因爲還沒有人設計出充分精細的詞彙表。用我們現在流行的語言資料，我們能一般地把視覺感覺材料分類，但觸覺

材料甚至很少能詳細列舉出來，動覺材料幾乎完全不能列舉。我們想要區別屬於一種物質事物的感覺材料與屬於另一種物質事物的感覺材料，除了通過指稱所說的物質事物之外，我們無法達到目的。這樣，艾耶爾就提出了一個重要論點：

> 沒有一組有窮的關於感覺材料的單獨陳述總能形式上衍推出關於物質事物的一個陳述，因為關於物質事物的陳述不是決定性地可證實的。❿

對這一論點，他作了具體說明。當我們試圖通過詳細列出經驗的情境（它供給我們以關於物質事物的陳述的有效性之直接檢驗）重新產生這一陳述的內容之時，我們發現這些可能的檢驗數目是無窮的。顯而易見，當某人作出這種陳述，他實際上並不是設想一個可能證實的無窮系列。在相似的情況下，他十分滿足於他的陳述建基其上的單個感覺經驗；如果他認為有必要對它進行進一步的檢驗，那麼在適當條件下，僅是有限數目的「有利的」感覺材料的隨後出現將是充分的，在缺乏相反證據的情況下，足以使他相信它是真的。但是，問題在於：儘管他可以作出許多有利的檢驗，可是他永遠不能達到這樣一個階段，在此階段不可設想進一步的感覺經驗將推翻對先前證據所作的判斷。他決不能證明他後來將沒有經驗 使他得出這 樣的結論： 他原來的陳述完全是假的。艾耶爾根據以上的論證指出，這就意味著關於物質事物的陳述之內容不能被任何有窮數目的對感覺材料的指稱所窮盡列舉。

---

❿ *FEK*, p. 239.

這個困難可在感覺材料語言中引入適當的一組指稱無窮系列的感覺材料的表達式加以克服。不過，艾耶爾認爲，大多數哲學家不會承認這樣的做法給了他們所需要的那種翻譯，因爲引入這些新的表達式只是對物質事物的重新命名而已，並不眞正解決問題。但是，關於感覺材料的任一特殊的有窮序列的出現對確立關於物質事物的陳述之眞實性不僅形式上不是充分的，而且也不是必要的。在一種意義上，每一關於物質事物的陳述衍推出關於感覺材料的陳述中的某個組合或另一組合，因爲只是由於某個感覺材料的出現才使 關於物質事物 的任一陳述總 是在任一程度 上得到證實。但是，我們不能說：由一個給定的關於物質事物的陳述確實衍推出一組關於特殊感覺材料出現的陳述。理由何在呢？艾耶爾指出，這是因爲證實一個物質事物的陳述所需要的決不是一個絕對特種的感覺材料的出現，而只是屬於一個相當不定範圍的這一個或那一個感覺材料的出現。換句話說，不僅我們能繼續檢驗一個關於物質事物的陳述（只要我們認爲不能達到對它的眞實性作形式證明），而且對任何我們實際上實行的檢驗來說，總是有不定數量的其它檢驗，它們與已實現的檢驗有同樣的檢驗目的，但是在某種程度上或在它們的條件方面或在它們的結果方面有所不同 。 這就意味著， 通過提出關於感覺材料的陳述的一個析取式作爲直接證據來證實在任一給定時刻關於物質事物的陳述之眞實性，那麼，這個析取式中的析取項將是無窮的。綜上所說，永遠沒有任何一組特殊觀察陳述或關於感覺材料的陳述，可以眞正地認爲是確實被任何給定的關於物質事物的陳述所衍推出。

以上的考察表明，指稱物質事物的語句不能不改變意義被翻譯成指稱感覺材料的語句。但是，艾耶爾認爲，由此不能得出以

下結論： 說到一個物質事物 就是說到完全 不同於感覺材料的某物。這個結論之所以錯誤是因爲它是基於一種錯誤的類比：因爲不確定地指稱紅東西的語句不能翻譯成有窮多的指稱紅東西的語句，所以，「紅性」是具有特定存在的一個對象的名稱；因爲指稱「某人」的語句不能翻譯成指稱特殊人的語句之有窮析取，所以，「某人」是一個特殊存在物（即一個「實體」）的名稱，這種存在物區別於人們實際上碰到的任何人。艾耶爾指出，指稱物質事物的語句不能不改變意義被翻譯成指稱感覺材料的語句，並不意味著「通過感覺材料分析物質事物」是不行的。簡單說來，艾耶爾放棄了原來的「翻譯論」，但這並不是意味著放棄「通過感覺材料分析物質事物」的現象論。他說：

> 人們能夠說明感覺材料之間的關係是什麼，這些關係能使我們成功地使用物理術語。如果我現在可以不致引起誤解地用構造這個隱喻的說法，那麼我就能把我將要從事的工作描述爲：說明根據哪些一般原則，我們從我們的感覺材料資源來「構造」物質事物的世界。⓫

在論述艾耶爾的現象論的「構造」論之前，我們要指出一點；即他在以後寫的論文〈現象主義〉和著作《知識問題》中對現象論的「翻譯」論的致命缺點又作了進一步的闡明。上文說過，艾耶爾是在《語言、眞理和邏輯》一書中提出他的現象論的「翻譯」論的，他提出關於物質事物的陳述可以翻譯成關於實際的和可能

⓫ *FEK*, pp. 242-243.

的感覺材料的陳述；關於實際的感覺材料的陳述就是直言陳述，而關於可能的感覺材料的陳述就是假言陳述或條件陳述 。 他在〈現象主義〉一文中指出，物理對象陳述句需要轉譯成假言陳述句，當對象實際不能被感知時，就不能用純感覺的術語明確地表述，並且要經常防備導至一種無窮後退推理的錯誤。他在《知識問題》一書中繼續發揮了這一觀點。他認為，因為物理對象，與感覺材料不同，可以不被感知而存在，所以，現象論的翻譯論主張由關於物理對象的陳述所翻譯成的關於感覺材料的陳述本身大多是假言的陳述。他說：

> 它們主要陳述的將不是任何感覺材料實際上正在出現，而只是在給定的一組環境中，某些感覺材料將會出現。換句話說，大部分陳述並不是描述在任何人看來事物實際上怎樣，而只是描述如果適當的條件被滿足，這些事物看起來會怎樣。⑫

有人提出異議，說現象論的翻譯論承認不被感知的物理對象和事件只是一種假設的存在，艾耶爾反駁了這個異議：

> 確實，那些表達關於感覺材料的假言陳述之語句不被用來斷定：任一感覺材料正在出現，但由此不能得出這樣的結論：它們不被用來斷定任一物理事件正在出現，或任一物理對象存在。反之，如果現象論（指象論的翻譯論——

---

⑫ Ayer, A. J. *The Problem of Knowledge*, Macmillan & Co., 1956, p. 133. 以下引證此書，縮寫為 *PK*.

引者註）是正確的，這正是這些語句所要斷定的。⑬

艾耶爾認為，眞正成問題的是在這些假言陳述中表述條件子句所用的詞彙表。

> 對現象論者來說，作出以下模糊的斷言：他所說的在隔壁房間裏有一張桌子，其意義就是如果他在那兒他就會知覺到它，這是不夠的。因為他在那兒，這是一個身體對其它物理對象處於某種空間關係中的問題；假定談到物理對象總是談到感覺材料，那麼這種情況本身一定可用純感覺術語來描述。但我們一點也不知道如何去做這種描述。⑭

人們不能找到一套純感覺描述，使得把一個空間同另一個空間區別開來。關於時間，困難更為明顯。例如，把「凱撒在西元前49年斷然渡過魯賓康河」這個陳述翻譯為關於感覺材料的陳述。但如何用純感覺語言來翻譯「西元前49年」呢？對關於空間和時間的困難，現象論的翻譯論者也許回答說，我們事實上通過觀察成功地鑒別出空間和時間，我們注意到山水的特點，觀看鐘錶和日曆等等；這些動作歸根結底是在於我們感覺著感覺材料。對這種回答，艾耶爾指出，它不能得到這樣的結論：對這些感覺材料的任一描述就足以唯一地鑒別出空間或時間；只要找不到這樣的描述，翻譯就不能實現。艾耶爾認為，一個給定的感覺材料序列之出現不能是一個物理對象存在的充分條件；而物理對象的存在更

不能是感覺材料出現的充分條件，但有些哲學家卻認為是充分條件。這些哲學家假定，關於任一能被感知的物理對象，可以列出一組這樣的條件使得如果任一觀察者滿足這些條件，那麼他一定可以感知它。貝克萊就持這種觀點，他在《人類知識原理》中聲言，說地球運動就是說「如果我們處在既從地球也從太陽出發的這樣那樣的環境中，這樣或那樣的位置和距離中，那麼我們就感知到地球在動」。艾耶爾評論說：

> 撇開用純感覺術語描述環境的困難不談，可以發生這樣的情況：當我們處在這些環境之中時，我們一點也沒有感知地球在動，這不是因為它不動，而是因為我們不注意，或者是從錯誤的方向來觀看，或者是我們的視力在某方面是暗昧的，或者是因為生理的或心理的錯亂所致。我們可以想到：這些障礙是能被設置的。因此，我們可試圖排除觀察者遭受生理錯亂之苦的可能性，辦法是增加一個進一步的假言命題，其大意是說：如果一個生理學家檢查他，或看來好像是在檢查他，那麼按生理學家的看法，他的病人的視力是未受損傷的。但這樣一來我們將需要一個進一步的假言命題，以避免生理學家本人經歷一種幻覺的可能性；如此繼續，直至無窮。⑮

根據這些理由，以及在《經驗知識的基礎》中所列的理由，艾耶爾宣告，現象論的翻譯論是不能實現的。

---

⑮ *PK*, p. 142.

關於物理對象的陳述不能形式地翻譯為關於感覺材料的陳述。**⑯**

我們在上文說過，艾耶爾放棄了在邏輯實證論時期形成的現象論的翻譯論，但並未放棄現象論的核心觀點：「通過感覺材料可以分析物質事物」。所謂「分析」，也就是他所說的在隱喩意義上的「構造」，即說明根據哪些一般原則，從感覺材料來構造物質世界。這種隱喩的「構造」與他在《語言、眞理和邏輯》一書中提出的「邏輯構造」大不相同，所謂「物質事物是由感覺內容作成的邏輯構造」就是「關於物質事物的語句可以翻譯成關於感覺材料的語句」，而這裏提出的隱喩的「構造」與翻譯無關。下面我們介紹艾耶爾的現象論的「構造」論**⑰**。他認為，現象論的構造論的主要問題在於回答休謨提出的問題：為什麼「我們把一個連續的存在歸諸於對象，甚至當這些對象不呈現於感覺；為什麼我們假定它們具有不同於知覺的一個存在」。休謨把這個問題解釋成關於錯覺的來源問題。他認為在直接給予的知覺之外，假定存在獨立的一組對象，而人們的知覺是其結果或複寫，這是對感知世界的完全無根據的重新複製，由於他主張，假定任何「知覺」本身能不被感覺而存在是自相矛盾的，因而他得出以下結論：相信對象的連續的和不同的存在是印象所產生的錯誤結果。艾耶爾不同意休謨的觀點，指出感覺材料之間的「恒常」和「融貫」的關係（休謨在其中發現了錯覺的來源）本身能被看成對象的連續的和不同的存在之界定，而這是休謨沒有看到的。因此，

---

⑯ *PK*, p. 144.
⑰ *FEK*, pp. 243-263.

艾耶爾要回答的問題就是：這些「恒常」和「融貫」的關係究竟是什麼？它們如何使我們有可能描述我們的感覺材料？（這些感覺材料被設想成是瞬間的和私人的，被設想成有因果性，被設想成對不同感覺、不同觀察者是可接受的，被設想成彼此處於構成它們在「物理空間」中的存在之關係的系統之中）。以下我們逐步分析他的回答。

艾耶爾指出，一個物質事物的物理情況這個概念包括對一個觀察者可能運動從而也包括對動覺材料的指稱；但這並不意味著，對動覺材料的任何指稱需要把空間性質歸諸於視覺材料本身。一個視感覺材料的廣度和形狀正如它的顏色一樣，在感覺上是「所與的」，因此它對其它在同樣視覺域中的感覺材料的空間關係，包括它與屬於觀察者身體的感覺材料之「距離」也是如此，這是因為視覺域在感覺上是三維的。艾耶爾認為，在視覺或觸覺的情況下，我們感興趣的並不是個別感覺材料的性質，而是在它們之間所得到的關係，特別是作為不同感覺域成份的那些感覺材料之間所得到的關係。視覺經驗與觸覺經驗之間有內容的差別，但這決不能阻止它們具有密切相似的結構。正是由於這種結構的相似性才使人們自然地把一個視覺的「結構成份」和一個觸覺的「結構成份」看成是同一個物質事物。因此，如果人們能把由視覺的或觸覺的感覺材料構造物理世界的原則加以說明，那麼其它感覺的情況就不成問題了。由於日常語言主要是用於描述視覺現象，因而艾耶爾選擇了視覺現象來進行分析。

假定我們知道一個視覺域，它的內容可描述如下：我正在知覺一張由紙鋪成的桌子，桌子外有一把椅子，椅子外是一個釘在牆上的書櫥。如果我轉向一邊，向我右邊的窗戶外面看去，那麼

這些特殊的感覺材料就不存在；這時我得到一組新的視覺材料來取而代之，可描述爲：我正在知覺一個點綴有樹木的花園，在樹外有農舍的屋頂，遠處有茂密樹林的小山。如果我進行進一步的運動，我就會發現這些感覺材料也將不再存在，其它感覺材料將取而代之。但是假定在這一過程的某一階段，我顛倒了我的運動方向。在這種情況下，我將發現我的這部分感覺歷史以相反次序重複。這時我並不是在數量上像以前所感覺到的那樣感覺同樣的感覺材料，但是在我的兩組經驗之間將有一般的相似性；所以我將不僅發現個別感覺材料密切相似於以前我感覺到的那些感覺材料，而且發現它們出現在相似的情境之中。最後，我將有一個感覺域，它與第一個感覺域的相似性可這樣來描述：我再次知覺著一張桌子、一把椅子和一個書櫥，其關係如前；但在先前的情況下，我這樣描述的感覺域處在我通過指稱點綴有樹木的花園所描述的感覺域之前；而在它們的對應物的情況下，這個次序正好相反。我可以脫離原來的觀察點而運動，但不管在什麼方向，我總可以得到這種「可倒轉的」序列，開始於並結束於一種感覺域；我也能獲得任何數目的「可倒轉的」序列（其中這種感覺域出現），但這種感覺域不是作爲結束，而是作爲中項。在某些情況下，在這樣一個序列中一個項的「重新產生」不是完全的，因爲我可以有這樣的經驗：某個特殊事物已改變了它的位置，或經歷了性質的變化，甚或它完全不存在。但是所有這些變化發生在一個相對穩定的環境中。顯示這些變化的感覺材料在與我先前有關的一組經驗中沒有其對應物，但它們出現在具有必要的對應物之情境中；正因爲如此，我才能對它們加以分類。

接著，艾耶爾把這個例子加以推廣，闡明形成特殊物質事物

的感覺材料群由以下四個條件支配。

第一、進入同一個物質事物成分中的不同感覺材料之間所獲得的第一組關係是相似關係。艾耶爾考察了對這一個條件提出的詰難：人們的視覺域並不總是組成一個物質事物的全部單個表面的外觀，只是被假定是「一個三維固體」的所有表面的一個外觀；在該事物的一部分的外觀和另一部分的那些外觀之間，常常是很少相似的。他反駁這個詰難時指出，被認為屬於同一物質事物的感覺材料在很大程度上也許不直接彼此相似，可是它們具有間接相似關係，這從以下事實可以看出：它們通過彼此直接相似的一系列感覺材料而能連結起來。因為通過適當的運動可能感覺到一系列感覺域，它們部分地顯示該事物的重疊方面；在系列中彼此遠離的感覺域之間的內容可能有相當大的差別，但在其相鄰的感覺域之間的差別將是很小的。這就是說，人們自己能提供一組感覺材料，這組感覺材料像積木塊一樣一齊都能被安排在印象之中，產生對象的一幅完整的圖畫。艾耶爾認為，對於在不同時期所獲得的構成對象完整圖畫的任何兩個序列感覺材料之間有一種「總體相似」的關係。

第二、這些感覺材料出現在一個相似的可感覺環境中。艾耶爾指出，相似關係有各種程度，這是因為有這樣一種可能性：物質事物發生變化，但不失去同一性。但是，在原來的事物不再存在而被另一事物代替之前，這些變化究竟有多大？這個問題不受任何一組精確規則的支配。不過，人們把數字的同一歸諸於一個物質事物不僅依賴屬於它的感覺材料所顯示的相似程度，而且也依賴於人們是否發現它們出現在相似的情境中。所以，第二個條件是：一般說來，對於作為在數字上的同一個物質事物的成份之

感覺材料，必須出現在一個相似的可感覺的環境中。爲什麼要加上「一般說來」呢？這是由於事物有時可以運動，但在這裏可感覺的環境之間具有間接相似關係。人們所作出的一個已經運動的對象在數字上同先前存在於另一地方的對象一樣，這個判斷涉及一個假定：人們通過一系列部分重疊的感覺域（其任意的兩個相鄰成員是直接相似的）能夠「追溯對象的踪迹」。艾耶爾認爲，這個假定的根據是：在許多情況下，這個「感覺的可能性」實際上實現了。艾耶爾還把一個事物自我同一性（即保持同樣的因果性質）包括在可感覺環境的恒常性之中。

第三、這些感覺材料的出現是可重複的。艾耶爾指出，如果相似情境的重現這個條件事實上在我們的經驗中不被完成，那麼我們就不應當有任何根據把特殊的物質事物加以等同。給定了感覺材料之間的必要相似性，我們可找到代表不同事物種類的語詞的一種用法，但是如果這樣的感覺材料不出現在一個相對恒常的可感覺環境中，以我們現在的自我同一性規則，就不能區別這些種類的特例並指派它們每一個以一個個體的歷史。他認爲，在整個時間持續並在「物理空間」佔有確定位置的這些事物之概念必須滿足以下條件：有關的感覺材料類應是系統地可重新產生的。

第四、這種系統地可重新產生要依賴觀察者的運動。艾耶爾在考察這個條件時，首先考察了以下的詰難：如果在任何時候我有在我的壺中把水加熱到沸點這類經驗，那麼我就獲得這樣一些視覺感覺材料：我正看到從壺中噴出的蒸汽；然而在我相信壺不被感知而存在時，我就不相信這一點適用於蒸汽。艾耶爾認爲，這些詰難可用第四個條件加以克服。這第四個條件說得詳細一點就是：

對於把感覺的恒久可能性作為是物質事物的連續的和不同的存在之定義而言，它的實現除滿足有關感覺的任何感覺材料出現所需的「固定條件」之外，必須被看成只依賴觀察者的運動。⓲

根據這個條件，我相信壺現在存在是因為我相信如果我處在適當位置，那麼我就能經驗到它的視、觸感覺材料；但我不相信這適用於蒸汽，所以我不相信它現在存在。至於觀察者知道他自己的運動，這依賴於動覺，由視、觸的證據加以補充，這個證據在於這樣一個事實：作為觀察者身體元素的相似感覺材料群的份子在一個變化的視、觸環境中彼此相繼。

艾耶爾在論述了以上四個條件之後總結說：

> 我認為引起我們的物質事物概念的視覺經驗的結構之主要特點是：第一、個別感覺材料之間的相似關係；第二、這些相似感覺材料出現於其中的情境之比較穩定；第三、這些感覺材料的出現以我曾試圖指明的方式是系統地可重複的；第四、這種重複依賴於觀察者的運動。這些特點重新產生於（雖不太明顯）我們的觸覺經驗的結構中；正如我所說過的，正是這種結構的對應使我們有可能把我們的視、觸構成物組合起來形成了特殊的物質事物。⓳

⓲　*FEK*, p. 257.
⓳　*FEK*, p. 259.

至此，艾耶爾費了很大勁，從感覺材料構造出物質事物。但是，物質事物是離不開物理空間的。因此，艾耶爾下一步的工作就是對物理空間概念進行分析。主要問題在於：被「給與」的作爲在單個感覺域的不同成份之間得到的空間關係如何能用來確定不同物質事物的相對位置，即使這些物質事物不能被同時感知。我們先看艾耶爾舉的例子。考慮兩個物質事物 A 和 M，設想它們處於在物理上可達的地方，但在這樣一個距離不能同時看到它們兩個。我們可以得到：沒有 A 的一個感覺材料 a 將被觀察到同 M 的任一感覺材料 m 有直接的空間關係。但通過適當系列的運動，就可獲得一系列「部分重量」的感覺域，使得 a 被觀察到同另一個感覺材料 b 有空間關係 r，與 b 一樣的感覺材料被觀察到同另一感覺材料 c 有關係 r，與 c 一樣的感覺材料被觀察到同另一個感覺材料 d 有關係 r，最後，與 1 一樣的一個感覺材料同 m 有關係 r。正如過渡的感覺材料群（a 和 m 是其代表）變形爲持久的物質事物 A 和 M，關係 r 也被變形爲高階關係 R。這樣，人們就達到了 M（處於從 A 開始的方向 R 中）這個概念。由於空間連結過程是可逆的，我們就達到 A（處於從 M 開始的 R 的逆方向中）這個概念。下一步除去「M 是從 A 在物理上可達的」這個限制，允許說：即使當有關感覺材料之間的間接關係的確立，雖在原則上是可能的，但由於對觀察者運動的障礙是不能在事實上實現的，M 在這樣的情況下也可說成是處於從 A 開始的方向 R 中。

接著，艾耶爾分析了感覺與材料的空間關係的特性。這些特性有三個。第一、不對稱性：如果一個感覺材料 x 對另一個感覺材料 y 有任何這樣的關係 r，那麼並非 y 對 x 也有 r；第二、傳遞性：如果在單個感覺域中，x 對 y 有關係 r，y 對另一感覺材

料z有r，則x對z有r；第三、連通性：每一感覺材料或者對
同一感覺域的另一成份由r直接相關，或者如果它是感覺域已被
劃定的感覺材料之一，那麼它由r間接相關於一個「鄰」域的某
一成份。這三個結構性質也被指派給R，並指派給所有其它的高
階關係，這些高階關係以感覺與料的空間關係為模本。由此可得
以下的推廣說法：如果任何物質事物X處於從任一其它物質事物
Y開始的任一方向S中，那麼Y就不處於從X開始的方向S中而
是處於逆方向中；如果X處於從Y開始的方向S中，Y處於從Z
開始的方向S中，那麼X處於從Z開始的方向S中；總有某一物
質事物處於從任一給定的物質事物開始的任一給定的方向中。艾
耶爾認為，以上說法就是物理空間這個概念所包含的一切。

艾耶爾把他的現象論的構造論之基本觀點總結如下：

> 我們對在物理空間具有連續的和不同的存在的物質事物之
> 概念，並不包含任何先驗的直覺，而是能從我們的視覺、
> 觸覺和動覺經驗之純經驗的和偶然的特點中推導出來。我
> 曾發現把這個問題處理成好像它是一種對象從另一種對象
> 進行構造的問題，這是很方便的。但是，嚴格說來，這應
> 被看成是關於語詞的指稱問題。因為我對物理世界的構造
> 所達到的就是對關於在日常使用物理術語時所牽涉的現象
> 之結構的主要假定進行很一般的和簡化的描述。⑳

---

⑳ *FEK*, pp. 262-263.

第四節　評艾耶爾的現象論

艾耶爾的現象論經歷了兩個階段，第一個階段是他在邏輯實證論時期提出的現象論的還原論或翻譯論；第二個階段就是他在現象論時期提出的現象論的構造論。無論是還原論，還是構造論，都是以現象論的基本原則爲基礎的。現在，我們先從總體上對現象論的基本原則作一個考察。

艾耶爾提出了一個基本原則：我們直接經驗的東西決不是物質事物，而只是感覺材料。這就表明，艾耶爾把感覺材料看成是第一性的，物質事物是第二性的。在這個根本問題上，我們不能同意艾耶爾的看法。據我看來，物質事物是第一性的，感覺材料是第二性的。談到感覺，它總是人的感覺，因此，感覺必須要有感覺者即感覺主體；同時，談到感覺，它總是對相對於感覺者的對象的感覺，因此，感覺不能離開感覺對象即物質事物。什麼是感覺呢？感覺是物質事物作用於人們的感官並經過各種神經通路傳入大腦的相應部位引起映象的反映活動。這種活動的結果是感覺映象，也就是艾耶爾所說的感覺內容或感覺材料。因此，擺在我們面前的有四種東西：感覺主體（人）、感覺即感覺活動、感覺對象（物質事物）和感覺映象（感覺內容或感覺材料），有時，人們也把感覺活動的結果——感覺材料稱爲感覺。由此可見，感覺材料決不是第一性的東西，它只是感覺活動的產物。艾耶爾用感覺材料（感覺映象）去頂替感覺對象，把感覺的結果作爲感覺的源泉。這就把頭足關係顛倒過來了。

艾耶爾不同意把感覺分析爲感覺主體、感覺活動和感覺客體

（感覺對象），他的理由是：我們既不能證實有被認為是完成所謂感覺活動的實體存在，也不能證實有作為一種與感覺活動所直接指向的感覺內容（感覺材料）不同的東西——感覺活動本身的存在。這個理由是不能成立的。為什麼不能證實呢？艾耶爾沒有說。只要我們在社會實踐中看一看人們的認識發生和發展的過程，就能清楚地看到：感覺是人們認識客觀世界的一種初級形式。人有五官，有神經系統，客觀的物質事物刺激人的五官，通過神經系統的傳導，就會在人的腦子中產生映象。顯然，人們的社會實踐和自然科學完全可以證實：感覺是物質事物作用於人們的感官並經過各種神經通路傳入大腦的相應部位引起映象的反映活動。我把感覺分析為感覺者（感覺主體）、感覺對象（物質事物）、感覺活動（反映活動，簡稱感覺）和感覺映象（感覺內容或感覺材料），是完全正確的。感覺對象是第一性的，而感覺材料是第二性的。艾耶爾卻說，人們直接經驗的東西只是感覺材料，人們感覺著感覺材料。這等於說，沒有被反映者，就有反映者和反映的結果——映象，也就是說，存在著無源之水和無本之木。這是違背人們的常識的。

為什麼艾耶爾能得出「人們只能直接經驗感覺材料」的結論呢？這就是錯覺論證。這個論證的前提是：物質事物對不同的觀察者或對在不同條件下的同一個觀察者可以呈現不同的外觀，並且這些外觀的特性在某種程度上是由諸條件和觀察者的狀態因果地決定的。這個前提是正確的。艾耶爾舉了一些大家熟悉的錯覺例子，例如在正常情況下看的一根直棒，在水中看它時卻是彎的。但是，艾耶爾在舉錯覺的例子時也舉出了一些幻覺的例子。我以為，應當把感覺、錯覺同幻覺加以區別。幻覺有其產生的原

因，例如海市蜃樓，它是光線經過不同密度的空氣層，發生顯著折射（有時伴有全反射）時，把遠處景物顯在空中或地面的奇異幻景，常發生在海邊和沙漠地區。錯覺映象是一種不正確的感覺映象（感覺材料），是對當下物質事物的一種不正確的反映，如水中的棒顯得彎曲；而幻覺映象並不是對當下物質事物的反映，如海市蜃樓。在討論感覺時，不能把錯覺和幻覺混淆，應把幻覺問題暫置一邊。艾耶爾在解釋錯覺論證的前提時，錯誤地把錯覺和幻覺混爲一談。他在從前提推論時說，在觀察水中被折射的一根棒子時，我們可假定它在水中實際上不改變它的形狀，這樣這根棒子至少有一種視覺外觀是虛妄的，因爲它不能既是直的又是彎的。艾耶爾由此推出結論說：在我們看到的東西不是一個物質事物的真實性質這種情況下，可以說我們仍在看到某種東西，這種東西就是「感覺材料」。他又舉幻覺爲例；當一個人看見沙漠中的海市蜃樓時，他並不是在感知任何物質事物，因爲他認爲他正在感知的綠洲並不存在；同時，他的經驗是有確定的內容的，並不是對空無所有的東西的經驗；因此，我們說他經驗著感覺材料。這裏，艾耶爾從錯覺的存在，如水中的彎棒推出人們不是在感知物質事物，而是在感知感覺材料；並且把幻覺與錯覺混爲一談，從幻覺推出人們不是在感知物質事物，而是經驗著感覺材料。他還從三個方面論證了在可靠的感覺或知覺（如平常看見的是直棒）同虛妄的感覺或知覺之間沒有種類上的內在差別。由此他得出了現象論的基本原則：人們直接經驗的不是物質事物，而只是感覺材料。現在我們來看看錯覺論證的問題在哪裏。第一，上文說過，錯覺論證的前提是正確的，但在前提中把幻覺當成錯覺是錯誤的。錯覺論證只能討論錯覺。第二，討論錯覺必須以正

確的感覺論爲指導，「對感覺活動作出科學的說明」。上文多次強調，感覺是人們對客觀物質世界的反映活動。在正常情況下，我看見一根直棒；當把這根直棒放入水中時，由於光的折射作用，我看見的好像是一根彎棒。這是兩種不同的感覺：一種是眞實的或可靠的，另一種是錯誤的或虛妄的。眞實的感覺是對客觀物質事物的正確反映，結果是感覺映象與客觀物質事物相符合；錯誤的感覺是對客觀物質事物的歪曲反映，結果是感覺映象與客觀物質事物不相符合。在兩種情況下，感覺對象沒有變，都是客觀存在的那根直棒。在錯覺中，作爲物質事物的那根棒子是直的，而感覺映象不是直的，卻是彎的。這是感覺映象沒有能正確反映物質事物的問題，是主觀反映不符合客觀實際的問題。但是，錯覺可以根據科學加以解釋，可以在實踐中把它糾正。直棒在水中看似彎的，這是由於光的折射作用；爲了證明這一點，只要把這根棒子拿出水面就行了。這樣，彎棒的錯覺就得到糾正。凡是錯覺都可在實踐中得到糾正。我們不能根據錯覺得出錯誤的結論，而必須對錯覺加以研究，對它進行解釋並在實踐中糾正爲眞實的感覺，據此才能得出可靠的結論。以上所說，可稱之爲反映論的「錯覺論證」，與艾耶爾的錯覺論證是根本不同的。他根據錯覺論證，取消感覺對象（物質事物），而用感覺材料取而代之。我以爲，艾耶爾的錯覺論證犯了推不出的邏輯錯誤。第三，我們認爲感覺材料（感覺映象）是在頭腦中對客觀物質事物的映象，說直接經驗到頭腦中的映象，這是完全站不住的。艾耶爾說，感覺材料構成感覺域，各感覺域構成感覺經驗。這就是說，感覺材料的總和構成感覺經驗。這也等於說，感覺經驗實質上就是感覺材料，是精神性的東西，是第一性的。可見，艾耶爾對感覺經驗作

了唯心論的解釋。實際上，感覺經驗是人們在同客觀物質事物接觸的過程中通過感官獲得的關於客觀物質事物的現象和外部聯繫的一種認識，即感性認識，包括感覺、知覺和表象等三種形式。我在第二章中提出的實踐的整體主義知識觀還包含這樣的觀點：人們在社會實踐的基礎上，感覺經驗的材料積累多了，就會在認識過程中產生突變，從而進入理性認識階段，也就是人們利用概念作出判斷、進行推理的階段。艾耶爾的感覺經驗僅限於對感覺材料的分析，不僅對人們在社會實踐的基礎上所產生的感性認識沒有作出科學的分析，而且根本否定了人們的認識還有理性認識。

艾耶爾指出，感覺材料既不是物理的元素又不是心理的元素，而是一種中立的元素。我認爲，這是不正確的。感覺材料是客觀物質事物的主觀映象，顯然，它是心理的元素。艾耶爾提出感覺材料是中立元素，他是爲了用中立元素來構造世界，而避免回答在物質和精神的關係中何爲第一性的問題。上文指出，艾耶爾實際上並沒有能避免回答這個問題，他的經驗論是以唯心論爲基礎的，主張感覺材料是第一性的，物質事物是第二性的。

艾耶爾根據現象論的基本原則提出了現象論的還原論即翻譯論。按照這個理論，物質事物是由感覺材料作成的邏輯構造，即關於物質事物的陳述可翻譯成一系列實際的和可能的感覺材料的陳述。艾耶爾在現象論時期拋棄了這種理論，他作了自我批判，主要之點是：1.因爲無人能設計出充分詳細的詞彙表，所以不能提供若干的樣本翻譯；2.指稱物質事物的語句不能不改變意義被翻譯成指稱感覺材料的語句；3.物理對象陳述句需要轉譯成假言陳述句，當對象實際不被感知時，就不能用純感覺的術語明確地

表述，並且要經常防備導至一種無窮後退推理的錯誤。艾耶爾對還原論的批判是很深刻的，實際上宣告了還原論的終結。這裏我想補充一點，物質事物和感覺材料的關係問題並不是一個語言問題，而是何者為第一性、何者為第二性的問題。承認物質事物為第一性，感覺材料為第二性，我們就能利用能動的反映論對感覺、經驗作出科學的說明；而承認感覺材料為第一性，物質事物為第二性，就會歪曲事物的本來面貌，歪曲感覺和經驗的性質，艾耶爾的錯覺論證就是如此。艾耶爾企圖避開對哲學基本問題的回答，用語言的翻譯問題取而代之，其結果只能以失敗而告終。

還原論的終結並不表明艾耶爾放棄了現象論的基本立場。他轉而採取現象論的構造論觀點，即通過感覺材料可以分析或構造物質世界。他把視覺經驗的結構分析成以下四個特點：1.個別感覺材料之間的相似關係；2.這些感覺材料出現於其中的情境比較穩定；3.這些感覺材料的出現是系統地可重複的；4.這種重複依賴於觀察者的運動。觸覺經驗也具有這些特徵。由於這種結構的對應，因而就能把人們的視、觸構成物組合起來形成了特殊的物質事物。同時，他用感覺材料或感覺與料的空間關係作為模本來確定物理空間，即物質事物的相對位置。現象論的構造論面臨一個嚴重的問題，即「自我中心困境」的問題，也就是感覺材料的私有性與物質事物的公共性問題。有的哲學家認為，從現象論的基本前提會導至唯我論。艾耶爾對此作了反駁。他的理由是：1.我們用指稱感覺材料所表達的事實與我們通常用指稱物質事物所表達的那些事實是同樣的，所謂「構造」就是一種術語被表示為另一種術語的一個功能。2.用類比法證明由私人性的感覺材料構造公共性的物質同給出玩單人紙牌的普遍規則是類似的。3.我

常常觀察到其他人作出一些記號，它們同我用來描述我自己正在經驗的東西的那些記號是一致的，我所思考的東西是他們所思考的東西的恰當反應。4. 如果兩個人在描述物質事物的方式一致，那麼他們就正在知覺同樣的物質事物。艾耶爾的第一個理由實際上把現象論的構造論變成了還原論或翻譯論，變成了「術語」問題。我們已經說明，艾耶爾本人也承認，還原論是不能成立的。第二點理由也是不能成立的，用給出玩單人紙牌的普遍規則同用私人性的感覺材料構造公共性的物質事物的類比法是無力的。艾耶爾曾經說過，用類比論證是不能使一個完全不能證實的假設具有或然性的。單人紙牌的普遍規則並不是由單人紙牌「構造」出來的，因此，單人紙牌與私人性的感覺材料、單人紙牌的普遍規則與公共性的物質事物並不是類似的。類比法說的是：兩個或兩類事物A和B，它們在 n 個屬性上都相同，A還有第 n＋1 個屬性 b，那麼可推出 B 也有第 n＋1 個屬性 b。可見，艾耶爾的類比論證根本不符合上述模式，當然不能解決「感覺材料的私有性和物質事物的公共性」的「自我中心困境」問題。艾耶爾的第三個理由實際上是說，其他人按照我理解語詞的同樣方式來理解語詞歸根結底是我思考的東西是他們所思考的東西的恰當反應，這仍然是自我中心。至於第四點理由，怎麼能證明兩個人在描述物質事物的方式一致呢？根據艾耶爾舉出的觀察風景畫的例子，其一致性的標準在於別人的觀察符合我的觀察，這仍然是以自我為中心。艾耶爾還提出用確定空間位置的辦法來證明：雖然兩個人感覺著不同的感覺材料，但知覺著同一個物質事物。例如，我說乙指著的對象與我指著的是同一個對象，而乙表示疑惑；我叫乙摸一摸乙指著的對象，結果我觀察到乙的指尖和那個對象之間是

符合的，這就說明我們兩人知覺同樣的對象。這裏決定性的因素是我的觀察，是我的感覺材料。總而言之，現象論的構造論面臨自我中心的困境一籌莫展。

　　解決自我中心困境的出路何在呢？出路在於把感覺放在社會實踐的基礎上。上文說過，人們的感覺同知覺（它是對客觀事物的表面現象和外部聯繫的綜合反映，它為主體提供客觀對象的整體映象）、表象（它是曾經作用於感官的事物之外部形象在人的意識中的再現，是從感知到思維的橋樑）一起構成人們的感性認識。感性認識是在社會實踐的基礎上形成的。人在勞動中不僅改造外部世界，而且形成了人的具有特殊結構和功能的感覺器官。人們在社會實踐活動中，憑借感覺器官反映事物的個別屬性，反映的結果就是感覺材料。人們的感性認識不限於感覺，還要在社會實踐的基礎上向知覺和表象發展。知覺和表象的材料，也可說是廣義的感覺材料。有了十分豐富的和合乎實際的感覺材料，人們在社會實踐的基礎上對這些感覺材料進行綜合、整理和改造，這就躍進到理性認識階段，也就是概念、判斷和推理的階段。但是，人們的感性認識並不是同理性認識截然分開的，在感性認識中包含著理性認識的因素。所以說，人的感性認識在本質上是理解性的。同時，由於實踐具有社會性，因而人們的認識也具有社會性。每個人都是在社會生活中、在和其他人的聯繫中形成自己的認識的，孤立的個人和個人認識是不存在的。拿個人的感知來說，不僅同個人的感知經驗有關，而且在個人的感知中凝結著整個人類感知經驗的總和。人對事物的感知可以用語言表達出來，個人的感知可以通過語言在個人間進行交流，從而轉化為社會性的、公共性的感知經驗。這就是兩個不同的人在描述同樣的物質

事物時所用的記號具有一致性、描述事物的方式具有一致性的根本原因。所謂「記號一致」或「描述事物的方式一致」，就是說人們對同樣物質事物的反映是合乎實際的，作爲反映結果的映象即感覺材料是一致的。也就是說，正確反映了同樣物質事物的感覺材料既具有私有性又具有公共性。這種公共性是人們在社會實踐活動中形成的。

艾耶爾還提出過，雖然兩個人感覺著不同的感覺材料，但可用一種檢驗方法來說明兩個人知覺著同一個物質事物。這種情況也只能用人們的實踐活動來說明。在實踐活動中，不同的人會具有不同的感覺能力，從事特定職業的人對有關對象的感覺比不從事這種職業的人要敏銳得多。比如說，音樂家的聽覺比常人的聽覺強得多，他們對同一個對象可以有不同的反映，形成不同的聽覺材料。

艾耶爾畢生想解決關於他人經驗的命題和關於過去事件的命題這兩個大問題，但他自己承認並沒有獲得成功。

關於他人經驗的命題，用行爲主義去理解會產生自相矛盾；用類比論證去理解，則不能解決兩個不同的人沒有同樣的經驗這個問題。我們在上面的論述實際上已經解決了這個問題。首先必須承認物質事物是不依賴於我們的感覺或經驗而存在的，我們的感覺或經驗是對客觀存在的物質事物的反映。在人們的社會實踐活動中，個體的經驗凝結著整個人類的經驗，它的形成不但離不開集體經驗或社會經驗，而且通過語言還可以轉化爲集體經驗或社會經驗。個體經驗是集體經驗（社會經驗）的一部分或一方面，體現著集體經驗，受集體經驗的制約。集體經驗是在人們長期的實踐活動中形成的，它不能脫離個體經驗，集體經驗寓於個

體經驗之中，沒有個體經驗就沒有集體經驗。任何個體經驗經過轉化可與另一個體經驗相聯繫。綜上所述，關於他人經驗與我的經驗是否一致的「他心」難題就迎刃而解了。

　　關於過去事件的命題，艾耶爾用現象論術語把它分析爲：如果某些條件已經實現，那麼某些觀察就會出現，並用原則的可證實性說明關於過去的事件原則上是可以觀察的。這實際上是把過去化爲現在和將來。艾耶爾在知識論時期對這種觀點作了批評，實際上也是進行自我批評。應當怎樣爲關於過去事件的命題進行辯護呢？那就必須突破現象論的藩籬。在長期的社會實踐中，一些直接經驗過一些事件的人們把這些事件用文字記載下來留傳於世，對於今人來說，這些就是關於過去事件的命題。這些命題對於今人的經驗來說當然是不能觀察的，是不能證實的。但是，這些關於過去事件的命題在人們的社會實踐活動中，已經由當事人的實踐並由人們 長期的實踐所證實 ， 已經成爲社會經驗的一部分，並成爲歷史科學的一部分 。人不能事事直接經驗 ， 事實上多數的知識都是間接經驗的東西，這就是一切古代的和外域的知識。這些知識在古人在外人是直接經驗的東西，如果在古人外人直接經驗時科學地反映了客觀的事物，那麼這些知識是可靠的，否則就是不可靠的。接受書本上的科學知識是重要的。每一代人都是把前代人的認識的終點作爲自己認識的起點，而後把自己在實踐中取得的新知識增加到人類知識寶庫中去，通過語言文字傳給下一代。如果事事都要取得直接經驗，那麼人類認識就不能發展，只能停留在原始社會的認識水平上。但是，書本知識歸根結底也是來源於直接經驗。間接經驗體現著直接經驗，離不開直接經驗；直接經驗不斷地轉化爲間接經驗。關於過去事件的命題，

對我來說是間接經驗的東西，對前人來說卻是直接經驗的東西。我們對過去事件的信念正是基於此。有時，關於過去事件的命題有誤，這種情況可以通過研究和考證，也就是說，通過考察與其它的關於過去事件的命題的聯繫而得到糾正。總之，關於過去事件的命題並不是一個難題，我們已把它解決了。

以上我們對艾耶爾的現象論作了否定性的批評，但我們並不全盤否定它。如果我們把感覺材料不看成是第一性的，而把它看成是客觀物質事物的反映，那麼在此基礎上應用現象主義的語言即感覺材料語言是很重要的。用它來討論知識論或認識論問題大有幫助。用這種語言來描述人們在感性認識階段所得到的知識是很適宜的。例如，艾耶爾對感覺材料的直接類似關係、間接類似關係、直接連續關係、間接連續關係的分析，對感覺材料群四個結構特點的分析，對感覺材料的空間關係的分析，等等，這些分析對於人們了解感覺材料的本性，豐富感性認識的內容，深刻了解感性認識向理性認識的飛躍都具有重要的意義。人們在感性認識階段的成果就是感覺材料（包括知覺和表象的材料等廣義的感覺材料），不少研究認識論的哲學家不屑對感覺材料進行邏輯分析，這是極其錯誤的。艾耶爾的現象論的失敗並不意味對感覺材料進行邏輯分析的失敗。我們應當學會對感覺材料進行邏輯分析的方法，只有這樣才能深刻揭示感性認識的本質。把邏輯分析方法引入認識論，這是艾耶爾的現象論給我們的最大啟示。

第四章　知識論時期

第一節　什麼是知識

艾耶爾的知識論從探討何謂知識這一問題開始。他問道：能否合理地主張知識總是關於某物是那樣的知識呢？他回答說：

> 如果知道 (knowing) 某物是那樣被看成包含作出一個有
> 意識的判斷，那麼顯然不能這樣主張。❹

一條狗知道它的主人，一個嬰兒知道他的母親，但是他們並不知道任何陳述是眞的。如果把他們知道陳述是眞的理解成：知道它的主人的狗知道這是它的主人這一事實，那麼我們就必須允許所謂知道事實有時也許是有某些合適方式的行爲傾向的問題，但這不必包含任何有意識的作出判斷（某某是如此）的過程。艾耶爾認爲，一旦我們學會了使用語言，我們就總是能對於我們的對象加以描述。例如，我說：「我知道那個曲調」，雖然這個曲調的名稱我記不起來了，而且我也記不得我以前在哪裏聽過它；同樣，

---

❹ *PK*, p. 7.

我說:「我知道那個人」,雖然我已忘記了他是誰,但至少我是把他與我曾在某處遇到過的一個人等同起來。艾耶爾指出:「有這樣一種意義:知道某物,按這個詞的用法,總是知道它是什麼的問題;在這種意義上,這個問題可表示成知道一個事實,即知道某物是如此。」這可同樣應用於這樣的場合:知道 (knowing) 就是知道如何 (knowing how) 的問題。有許多事人們習慣上做得很好,但不能說出他們如何去做這些事。不過,這並不是意味著他們的工作是愚蠢的。艾耶爾認為,如果把知道事實說成是有某種方式的行為傾向,那麼我們就能把知道如何做事解釋成知道事實的問題。因此,知識就是關於事實的知識。

怎樣定義知識呢?艾耶爾把它定義成三個條件的合取: 1. 所知道的東西是真的, 2. 人們必須完全確信所知道的東西, 3. 人們有權確信。這三個條件分開來看都不是充分的,只是必要的。第一個條件即所知道的東西是真的,它的必要性是很顯然的,因為只有真命題才能被知道,這是動詞「知道」的意義之組成部分。加上第二個條件,是不是成為知識的充分條件了呢?回答是否定的,因為有可能完全確信事實上是真的某物,但還不知道它。艾耶爾據此引入第三個條件:

> 情況也許是這樣:人們沒有權利來確信。例如,一個迷信的人漫不經心地在梯子下行走,可能深信這樣一個後果:他將遭到不測;事實上他或許是對的。但是,說他知道這將要如此,這是不正確的。他達到他的信念是通過一個一般不可靠的推理過程;所以,雖然他的預言成了真的,但它並不是知識的情況。再者,如果某人根據一個可能表明

是無效的證明而完全相信一個數學命題，那麼，若無進一
步的證據，我們就不會說他知道這個命題，即使它是真
的。❷

因此，知識的第三個條件就是一個人有權來確信。這樣，知道某
物是那樣的必要和充分條件是：1. 所知道的東西是真的，並且
2. 一個人確信它，並且3. 一個人有權確信。這種權利可用各種
方式來獲得，但是這些方式不包括在知識的定義中，正如善的
實際標準不包括在善的定義中一樣。這樣一來，哲學家們提出
的關於知識可能性的問題就不能由發現什麼是知識而得到完全解
決。這些問題有許多是作爲關於確信權的合法性問題重新出現，
對它們必須分別加以考察。艾耶爾認爲，這就是知識論的主要任
務。由上可見，他把什麼是知識的問題轉換成是否有權確信的問
題。

艾耶爾認爲，一個人的確信權來自對達到真命題的可靠方法
之信念。他對這些方法作了一般的考察。他指出，要求知道經驗
陳述的權利可通過論及知覺，或記憶，或證據，或歷史記錄，或
科學規律而得到支持。但這些支持者對知識來說並不總是足夠有
力的，這要看具體情況。如果有人問我：我怎樣知道某一物理對
象處於某地呢？那麼，我一般回答說我能看見它，這就充分了；
但是，如果我的視力不好，光線又暗，那麼這個回答也許就不是
充分的。即使我是正確的，人們仍可說我實際上並不知道這個對
象在那裏。如果我的記憶力不好，並且我要記憶的事件是很久以

---

❷ *PK*, p.29.

前的，那麼我對這個事件的記憶也許並不等於是知識。如果一個證據是不可靠的，那麼他的沒有得到支持的證據也許不能使我們知道他所說的是眞的。可見，有缺陷的視力、不好的記憶力、不可靠的證據都能破壞得到知識的權利，即使它們在一些情況下使人們得到眞命題。艾耶爾指出，在一個給定的實例中，有可能判定支持者是否足夠強而有力以證明對知識的要求權是正當的。但是，一般說它必須如何強而有力，這就需要把一些條件加以列表，在這些條件下，知覺或記憶或證言或其它形式的證據是可靠的。

　　艾耶爾接著考察了這樣一些情況：一個人知道某物是如此但不能說出此人如何知道它。例如，假設某人在預言某種事件方面總是成功的，如打彩票的結果。我們可以說：他知道哪一個數會贏，雖然他並沒有用合理的方法達到這個結論。他也許是通過直覺得到這個結論。再如，某人在察覺他人心靈方面雖無通常的那種證據但他總能成功，我們可以說他是在心靈感應上知道這些東西的。根據這兩個例子，艾耶爾提出，如果一個人在一個給定的領域內不斷得到成功，我們就可以說他知道這些事實，雖然我們不能說明他如何知道它們。「只根據他的成功，我們應當承認他有權確信」❸。

第二節　知識論與懷疑論

　　艾耶爾對知識論與懷疑論之間關係的論述是《知識問題》一

---

❸　*PK*, p. 32.

書的獨到之處。他指出，哲學懷疑論者所懷疑的不是我們應用我們的證明標準之方式，而是這些標準本身。哲學家的懷疑不涉及經驗，而是針對推理。懷疑論的基本論點是，在任何情況下，我們的結論都不能超出前提。懷疑論者懷疑我們對物理對象存在，或科學實體，或他人心靈或過去事件的信念之有效性，其根據是一個這樣的論證：在每一情況下，它依賴一個不合法的推理。每一情況所懷疑的是，我們是否有權從感覺經驗到物理對象，從常識世界到科學實體，從他人的明顯行為到他們的內在思想和感情，從現在到過去作出一種過渡。這些是不同的問題，但懷疑論論證的模式是同樣的。這個模式包括四個步驟。

第一步是主張：就我們對結論的知識來說，我們完全依賴前提。因此，我們除了通過本身不是物理的感覺經驗的內容之外就不能接近物理對象；我們推出科學實體如原子、電子的存在只是從它們的所謂作用；他人的心靈呈現在我們面前只是通過他的身體狀態或他所說和做的事情；知道過去的事情只是從記錄或通過我們的記憶（它的內容本身則屬於現在）。相對於我們對證據的知識，我們對於結論的知識在每一情況下都是間接的。

第二步是說明前提和結論之間的關係不是演繹的。不可能有對我們感覺經驗的描述，據此可推出一個物理對象存在。關於科學實體的陳述不能從任何一組關於它們效果的陳述形式地演繹出來。關於一個人的內部思想和感情的陳述不能邏輯地從關於它們外部顯示的陳述推出來。對某些過去事件的存在，也許現在的證據是強有力的，但它也不是證明性的。在承認我們的記憶經驗或關於過去的知識的任何其它來源之存在同否認相應的過去事件曾發生過之間，並沒有形式的矛盾。

第三步，這些推理也不是歸納的。這些推理的結論不僅在經驗中沒有給予我們，而且也決不能給予我們。這些結論沒有任何歸納支持。經驗推理能使我們在一個給定的層次上進行；根據某些感覺經驗，我們可以預言其它感覺經驗的出現；從對一個人行為方式的觀察，我們可以推出：他的未來的行為將採取如此這般的一個舉動。但是，它不允許我們從一個層次跳躍到另一個層次；不允許我們從關於我們感覺經驗內容的前提過渡到關於物理對象的結論，從關於他人明顯行為的前提過渡到關於他們心靈的結論。

第四步是論證：由於這些推理不能演繹地或歸納地加以辯護，因而它們就完全不能加以辯護。我們甚至無權作出從我們現在的經驗到過去事件存在的基本推理活動，或者在承認我們經驗的全部範圍的情況下，我們也無權從我們現在的經驗推出物理對象的存在。假定我們有充分根據相信構成常識世界的物理對象之存在，我們仍然無權從這些物理對象過渡到科學實體，或從任一物理現象過渡到他心的存在。

艾耶爾對懷疑論論點的四點解析，歸結到一點就是懷疑論者在感覺經驗和物理對象、常識世界和科學實體、他人的外部行為和他們的內在思想、現在的事件和過去的事件之間挖掘了一條深不可測的、無法填平的鴻溝。艾耶爾認為，為了替我們對知識的要求權辯護，困難在於要找到一種方法在這條鴻溝上架起一道橋樑，或填平這條鴻溝。知識論就是要研究填平這條鴻溝的問題。艾耶爾的總的思路是，整個知識論就是對標準的懷疑論論點的一組不同的答覆。除了提出問題的純粹懷疑論觀點之外，有四個主要理論，它們中的每一個都是否認懷疑論論證中的一個不同的步

驟。下面我們論述艾耶爾的這一令人感興趣的創見。

第一，素樸實在論。素樸實在論者否認懷疑論論證的第一步。他不允許我們對各種事物的知識必然是間接的。他主張：我們通常知覺到的物理對象是直接「給予」我們的，可以設想原子、電子一類事物也應當是直接被知覺的；至少在某些有利的例子中，人們能察覺他人的心靈，記憶可使我們直接瞭解過去事件。素樸實在論者所表現出來的態度是直覺主義態度。這種態度與一些哲學家的下列主張具有同樣的實質：他們直覺到道德價值，或試圖通過要求理解事件之間必然聯繫的權利來爲歸納進行辯護。

第二，還原論。還原論者允許懷疑論論證中的第一步，但否認第二步。還原論者和素樸實在論者都想塡補懷疑論者挖掘的鴻溝，這是他們的共同之處。他們的區別在於：素樸實在論者在塡補這條鴻溝時是把證據上升爲結論，而還原論者是把結論下降到證據的層次。這就是說，素樸實在論者主張一種直接的、非推理性的知識，而還原論者承認我們的知識是推理性的，但要求推理是演繹有效的，要求結論等價於關於前提內容的陳述。還原論者的觀點是：物理對象是從我們感覺經驗的內容作成的邏輯構造，正如科學實體僅僅是它們所謂的作用而已；關於他心的陳述等價於關於它們的物理顯示的陳述，關於過去事件的陳述等價於關於現在和未來的陳述。因此，降到證據層次的結論在上述每一情況下表現出是從證據可演繹的。艾耶爾提出的現象論的翻譯論就是還原論。

第三，科學觀。這種觀點承認懷疑論論證的前兩步，但否認第三步。持科學觀的人與他們的前驅不同，接受在證據和結論之

間存在鴻溝的看法，但他們認爲可以用合法的歸納推理過程在這條鴻溝上架起一條由此達彼的橋樑。他們主張，物理對象雖然不是像素樸實在論者所假定的那樣直接可觀察的，但能夠作爲我們感覺的原因間接爲我們所知，正如科學實體的存在能從它們的作用推出來而不必把它們加以等同；記憶和其它記錄的陳說使得過去事件成爲一個有力的或然假說。我們知道我們自己內在的思想和情感，我們能夠用類比法把它們歸諸他人。科學觀把物理對象的存在、他人經驗的存在和過去事件的存在都看成是或然假說，這些假說由於說明了人們自己的經驗，因而得到辯護。

第四，描述分析法。描述分析論者對懷疑論論證的前提沒有爭論，而只是對其結論有爭議，即接受前三步而否認第四步。他們似乎承認懷疑論的鴻溝，但並不企圖填補或去架橋，只是一跨而過。他們承認所懷疑的推理既不是演繹的，也不是歸納的。但他們認爲這並不是對這些推理的宣判書。對這些推理可以進行分析。描述分析法的主張者說，我們能夠說明在什麼條件下可以把某些經驗歸於他人；我們能夠評價不同的記錄類型；我們能夠把記憶或知覺是可靠的情況同不可靠的情況加以區別。簡言之，我們能對我們所遵循的程序給出說明。但是，對這些程序的辯護沒有一個是必然的或可能的。由此可見，描述分析論者主張所說的推理是合法的，但這種合法性基於辯護的不可能性。

艾耶爾在晚年認爲，他對知識論與懷疑論之間關係的論述即知識論就是對懷疑論論證的一組不同的解答，是他的《知識問題》一書的主要功績和主要的獨到之處，是他最好的論述。

第三節　物理對象的理論

　　艾耶爾在《知識問題》一書中，對現象論的翻譯論作了比較詳細的考察，補充提出了《經驗知識的基礎》一書中未提出過的論點，得出了「關於物理對象的陳述不能形式上翻譯爲關於感覺材料的陳述」這樣一個結論。但是，他認爲，現象論的翻譯論的失敗並不意味著在物理對象顯現於我們的方式同它們實際存在的方式之間沒有任何一種邏輯聯繫。他在知識論時期雖然放棄了現象論的翻譯論，但卻繼承、發展了現象論的構造論。他說：

> 現象論者在下述意義上是正確的：即我們通過說到我們知覺的物理對象所傳達的信息就是關於事物顯現方式的信息，但他們的錯誤在於假定有可能說出對任何一組現象的描述，而這種描述並且只有這種描述是關於物理對象的某個陳述所達到的東西。❹

顯而易見，艾耶爾在《知識問題》一書中所說的現象論的正確方面指的是現象論的構造論，其錯誤方面指的是翻譯論或還原論。我們能否說他在《知識問題》中完全採用了現象論的構造論呢？不能這麼說。他現在所持的觀點可稱爲「感覺經驗實在論」，這是對現象論的構造論的一種發展。這種感覺經驗實在論的中心思想是：「在指稱物理對象時，我們正在闡述關於我們感覺的證據

---

❹　*PK*, pp. 146-147.

的一種理論」❺；關於物理對象的陳述形成了「一種說明我們經驗的理論」❻；「說到物理對象就是解釋我們感覺經驗的一種方法」❼。這種理論比在感覺層次上試圖重新表述它所能產生的東西要豐富。這並不意味著除了理論所涉及的現象之外，它還有其它東西來補充。艾耶爾認為，正因為如此，現象才能成為對理論的辯護。這就是說，我們關於物質事物的信念形成了一種從感覺經驗的證據中得到全部支持的理論。他指出，說理論中所包括的對象是理論構造，或者說它們是獨立的實在，這是無所謂的事情。艾耶爾說：

> 說它們不是構造的根據是，對它們的指稱不能因贊成對感覺材料的指稱而消滅。說它們是構造的根據是，只有通過它們對我們感覺經驗的關係才能使我們關於它們所說的東西具有意義。總之，它們在下述意義上是實在的：肯定或蘊涵它們存在的陳述常是真的。❽

為什麼我們的感覺經驗使我們有根據相信物理對象的存在呢？這是因為指稱物理對象的語句是以下述方式使用的：我們所具有的適當經驗是對這些語句成真的支持。例如，「在這張桌子上有一個烟盒」，這句話的意思是，我恰恰具有我正擁有的經驗是它所表達的陳述為真的證據。艾耶爾所說的理論之中的陳述都能以這種方式進行辯護。

---

❺ *PK*, p. 147.
❻ *PK*, p. 148.
❼ *PK*, p. 147.
❽ *PK*, p. 147.

　　由上可見，艾耶爾的物理對象理論具有兩重性。一方面，這種理論承認現象論的構造論。根據構造論，感覺經驗結構有四個主要特點：1. 個別感覺材料之間的相似關係；2. 這些相似感覺材料出現於其中的情境之比較穩定性；3. 這些感覺材料的出現是系統地可重複的；4. 這種重複依賴觀察者的運動。這些特點就是感覺材料之間「恒常」和「融貫」的關係之特點，不但出現於視覺經驗結構中，而且出現於觸覺經驗結構中。這些結構之間是相似的，因此，我們就能把我們的視覺構成物和觸覺構成物組合起來構成物理對象。可見，物理對象理論是以現象論的構造論爲基礎。在認識論上，物理對象是從感覺經驗構造出來的。另一方面，物理對象理論把從感覺經驗構造出來的物理對象看成一種獨立的實在，在這裏物理對象不是「構造」，因爲「對它們的指稱不能因贊成對感覺材料的指稱而消滅」。這樣，從本體論來說，物理對象占有主導地位。綜上所說，物理對象理論是把物理對象的獨立實在性和從感覺經驗的可構造性統一起來了。正因爲如此，我把艾耶爾的物理對象理論稱爲「感覺經驗實在論」。這種理論是第三種知識論——科學觀的變種，因爲科學觀主張關於物理對象的存在是從感覺經驗中得到辯護的或然假說。

　　由以上的討論可知，艾耶爾的《知識問題》一書正式標誌著他的還原論和現象論的構造論的終結，標誌著在繼承、修改、補充和發展現象論的基礎上「感覺經驗實在論」的建立。他的「實在論」到了構造論時期採取另外一種形式，這將在第五章中論述。

第四節 關於過去事件的陳述

關於過去事件的陳述是艾耶爾一直在探討的問題。他在知識論時期作了進一步的探討，提出了一些新的觀點。這一問題是與記憶有關的。艾耶爾認爲，記憶就是對過去所具有的信念，它不依賴任何推理和證明，它不是由對現在的和過去的感情所伴隨的想像；人們無法證明記憶，對它的證明只能是一種循環論證；談論逾越我們與過去事件之間的鴻溝是荒謬的。

艾耶爾提出這樣一個問題：我們有什麼理由相信任一過去事件的出現呢？有的哲學家回答說：我們有理由相信因某些實際困難使我們不能觀察的事件之出現；但需要有一個條件：即它們至少在理論上應是可觀察的。接受這種觀點的哲學家把實指過去的陳述與通常被認爲是指稱現實的或可能的證據（我們關於過去的信念奠基於其上）之陳述等同起來，後一種陳述在外表上完全不是關於過去的，而是關於現在或將來的。通過把它們解釋成涉及現在的或將來的證據，這些哲學家認爲，它們能被證實。艾耶爾在《語言、眞理和邏輯》一書中就持這種觀點。他現在對這一觀點作了批評，指出：它使得用過去時態表達的陳述之意義顯得很不固定，因爲我們可及的證據範圍將不斷地隨著時間段而變化。艾耶爾所說的時間段是指按從較早到較遲的方向時間參照點的轉移。作爲證據的事件很快可變爲過去事件。因此，對所有陳述的解釋將必須修改（在對陳述的分析中包括對這些事件的描述）；對過去事件的描述將必須被作爲它們證據的現在事件或將來事件的描述所代替；並且由於它們也變成過去事件，因而修改了的說

法將必須經常再修改。這也能得出：過去時態和現在時態的語句
不能表達同樣的陳述。例如，我描述今天的天氣時說太陽正在照
耀，但是如果明天我說「太陽昨天照耀」，那麼我正在指稱的就
不是我現在說「太陽正在照耀」所表達的東西，而是指稱著當一
個人在氣象臺查找記錄，或讀報，或參考自己或他人的回憶時，
這個人將發現的東西。這些記錄欺騙人的可能性是不會發生的，
除非它們彼此矛盾，或與進一步的證據矛盾。在一個給定的時
刻，關於較早事件的陳述之眞假完全依賴於其後可發現的證據。
如果從一個確定的時間開始，所有可用的證據將表明某某事件已
經發生，那麼據此可得結論：它實際上已經發生。否認它已發生
只不過是預言在有利證據的進行中將會有中斷；在某個較後的時
刻它將以另外的方式顯示出來。艾耶爾根據以上的分析指出，我
們就被導至對語言的使用採取完全實用主義的概念。直陳語句除
了描述人們實際上正在觀察的東西之外，就是對將來事件宣佈我
們的期望。它們所表達的東西之眞假只是這些期望能被實現的程
度問題。

艾耶爾認爲，如果從一個給定的時刻起，所有可採用的證據
都表明某一事件已經發生，那麼就沒有一個生活在任何後來時間
的人將有理由來假定它不是如此，這確實是眞的。但他指出，承
認這一點確實不是承認所出現的事件在形式上可從證據推出。證
據欺騙人的可能性仍是有議論餘地的。一方面，進一步的證據可
以使它變得不確實；另一方面，可以設想事件事實上沒有出現
過，雖然從提出該問題的時間起，所有隨時可得的證據將表明它
出現過。艾耶爾堅決否認這樣的觀點：通過對證據作適當調整，
完全可能製造過去事件。

綜上所說，艾耶爾認為把過去化為現在和將來的觀點是錯誤的。

與此有關，艾耶爾考察了「我們過去的經驗不能被重新捕獲」的問題。他指出，假定一個人能具有這樣一種經驗：它確實像他兒童時代的經驗，這裏沒有什麼困難；人們可以設想他們是通過催眠術或使用藥品才獲得這些經驗的；但是，它們並不是同樣的經驗，因為它們出現在不同的時期。假定人們到了某一年紀時，人們開始經歷一系列經驗而這些經驗在質上和細節上都與人們自出生以來所曾經歷過的經驗是同樣的，那麼這仍不能構成對過去事件的重新捕獲。年紀中的一個期限必然與另一期限不同。因此，沒有任何可能在時間中旅行。在空間中旅行是在不同的時間、不同的地點進行的；但是，在不同的時間處在不同的時間這個觀念是完全荒謬的。還有另外一種情況：人們能往回設想自己處於十八世紀，這就是說，從一個給定的時刻起，人們將具有適合於那個歷史時期的經驗；即使如此，這些經驗仍不能等同於任何人（自己或他人）以前實際上曾有過的經驗。因為它們接著人們現在的經驗而發生，不能在現在的經驗之前；在同樣的時間次序中對同一個事件指派兩個地點，這是自相矛盾的。艾耶爾綜合了以上情況後指出，過去事件之所以不能被重新捕獲是因為根本就沒有什麼東西被認為是對它的重新捕獲。以下事實是必然的：如果人們在時間中佔有位置即在一個給定的時刻他佔有的位置，那麼他在那個時刻就不佔有一個不同的位置。如果一個事件在時間上先於另一事件，那麼與第二個事件嚴格同時的一個經驗就不能與第一個事件嚴格同時。所以，如果觀察一個過去事件要求人們具有這樣一個經驗：它早於人們實際上有的任一經驗，那麼人

們就必然不能觀察一個過去事件。

　　但是，艾耶爾說：

> 從人們現在不能觀察發生在較早時期的一個事件這一事
> 實，得不出以下結論：事件本身被刻畫成不可觀察的。❾

他的論證如下。我們必須區別兩種東西：一是本身不可觀察的，
這是指談論任何人對它們的觀察是矛盾的或無意義的；一是為一
個給定的人不可觀察的，這人碰巧處於這種情況中。我們通常不
把出現在與我們碰巧所處地點的一個不同地點的事件看成是不可
觀察的。然而，由於我現在處於我所在的地方，因而我不能作出
任何需要我在另外某個地方的觀察；這是毫無疑義的。我能改變
我在空間中的位置，但不能改變在時間中的位置：在空間中旅行
需花費時間，所以我不能觀察現在在其它地方發生的東西；至多
我能做的是使自己處於這樣一個位置：即觀察在將來某個時期在
那裏將發生的東西之位置。完全可以設想：現在我將在其它某個
地方；我現在處在我所在的地方，這不是一個必然的事實。艾耶
爾提出一個問題：是否可以設想我可在不同時間生活過？例如，
當人們說他們想要在古希臘生活過，艾耶爾認為他們所表達的願
望沒有明顯的自相矛盾。即使說任何一個事實上是過去的事件（
雖沒有如此描述），我現在正觀察它，這裏包含自相矛盾，由此
也不能得出事件本身是不可觀察的結論。

---

❾　*PK*, pp. 177-178.

> 如果事件被描述成是過去的，那麼位置就是不同的，但這
> 並不是對事件本身的描述，而是指明說話者對它的時間關
> 係。❿

那些把過去化爲現在和將來的哲學家不懂得這個道理，錯誤地認爲，直陳語句時態的差別不可避免地對它所表達的陳述的事實內容造成差別。艾耶爾指出，在時態是用以標明所指事件的日期的唯一手段這種情況下才造成差別。顯然，如果我現在說陽光正在照耀，那麼我作的陳述不同於說陽光昨天照耀或陽光明天將照耀時所作的陳述。但是，在所有這些情況下，人們能傳達同樣的信息，所用的方法是：在說明日期時實質上不涉及時態、「昨天」或「明天」這些時間指示詞的使用。例如，我可以作這樣的記錄：在1955年 8 月20日在某地出現陽光照耀的天氣。它是否表達了一個預言，一個同時的觀察，或一個記憶行動，這些對記錄的內容沒有關係。 如果我在事件之前說 ，那麼我將使用將來時態；如果我在事件之後說，那麼我將使用過去時態；但是，我所描述的事實在兩種情況下是同樣的。 這裏， 以一個時態來代替另一個時態只是指明說話者對他所指稱的現象具有不同的時間位置。在一個給定的日期，用來描述天氣條件的陳述之眞假完全獨立於它被表達的那個時間。通過把對所說的事件的描述同對說話者的時間位置的指稱組合起來，時態的使用就集合了兩種邏輯上不同的信息。但是，艾耶爾認爲，也可以不使用時態；相對於所

---

❿ *PK*, p.179.

描述的事件，通過使用現在的、過去的和將來的時態所表明的說
話者的時間位置本身可以明確地用一個日期來刻畫。由此可見，
從本身來考慮的事件不是現在的，過去的或將來的。這就是說，
只從一個陳述的事實內容考慮，而不管它被表達的時間，沒有一
個陳述本身是關於過去的。據此，艾耶爾得出以下的重要結論：

> 對一個給定的陳述作分析不受該陳述是否在它所指稱的事
> 件之前或之後或同時講出這個問題的影響。由此可得，由
> 於一個陳述的可證實性僅依賴它的意義，因而當它所指稱
> 的事件是現在事件時它是可證實的，當事件是將來的或過
> 去的它同樣是可證實的。⑩

至此，艾耶爾完成了對於把關於過去的陳述轉化爲現在或將來的
陳述這種觀點的反駁。

　　接下來的問題就是如何爲關於過去事件的陳述進行辯護。艾
耶爾認爲這要借助歸納論證。他指出，一個有效的歸納論證通常
所需要的條件之一是可以滿足的，結論本身不是不可證實的。但
是，這個論證本身所根據的證據是什麼呢？這個問題需要研究。
甚至沒有一個這樣的例子，使得人們實際上觀察了一個現在事件
和過去事件的合取；如果說有這樣的例子，比如像日蝕這樣的事
件在它被觀察到的時間成爲過去的，那麼這只是通過某些科學假
說推測出來的；如果我們沒有獨立的理由相信某些過去事件的存
在，那麼這些科學假說本身就不是可辯護的。人們可以論證說：

---

⑩　*PK*, p. 181.

如果期望一個給定的過程在將來繼續存在，這是合理的，那麼得出它是從過去的東西發源的結論也是合理的。如果「我到處看見變化和衰朽」，那麼就必須有某種東西而事物源此曾發生變化，也必須有某種東西而這正是事物在變成的東西。說一個過程從中途開始，意思是說這種過程應有在前的階段。我們有權設想現在的過程向兩個時間方向發展，這是根據我們對於過去的知識。因此，

> 用歸納論證試圖為關於過去事件的陳述辯護在某一方面包含這樣一個假定：某個關於過去事件的陳述是真的。❷

艾耶爾強調，這必須是如此。把較遲事件與較早事件連結起來並假定在一個給定的情況下如果一個事件不在另一事件之前出現，那麼後者就不出現，這樣做的理由是什麼呢？這就是以下的一個我們所接受的一般假說：我們說明較遲的事件是把它與較早的事件聯繫起來。這個假說本身將被證據所支持，而這證據將由其它一些假說提供支持。因此，如果人們接受一個關於過去事件的陳述，那麼人們就要為之辯護；有時這種辯護只不過是歸結於記憶，這種歸結的實質在於以下假定：人們通常處於知道關於他們聲言所記住的事件之位置，他們對這些事件的報告是可靠的；這又是一個一般假說，因為有這個假說，證據就能被舉出來。所以，關於過去事件的一個陳述被用來為另一個辯護；但是仍然沒有任何獨立的手段來為它們全部進行辯護。為什麼沒有這樣的獨

---

❷ *PK*, p. 182.

立手段呢? 艾耶爾說，這是因爲不可能有。爲了獲得這種辯護，人們就必須能夠重新捕獲過去事件，可是，在上面已經說明這在邏輯上是不可能的。

艾耶爾指出，由上所說不能得出下述結論: 我們必須放棄對過去事件的知識的任何要求權。歷史學家不能施展設計時間的本領，他們不能使一個較遲的事件在同樣的時間序列中與一個較早的事件同時發生或在其前發生；但是歷史證據的準則仍是存在的。在許多情況下，證據強而有力，以致可以說: 某個關於較早事件的陳述已知是眞的。但是，艾耶爾指出，並非任何一個這樣的陳述將被證據邏輯地推出；如果證據包括有本身是從關於過去事件的陳述得到支持的一般命題，那麼上述推論才可作出。他舉了這樣一個例子: 地球有千百萬年這個陳述由許多地理學的證據支持，我們可以說我們知道這個陳述是眞的；但一些人因爲信教而相信地球在幾千年前才開始存在並已帶有可感覺到的年齡標記，而這一看法在邏輯上是同證據相容的。

總之，艾耶爾對關於過去事件的陳述所進行的辯護是根據歸納論證，即以另一些關於過去事件的陳述作爲證據。這表明，他是以科學觀來解決關於過去事件的陳述的辯護問題的，比他在邏輯實證論時期和現象論時期的分析前進了一大步。

過去事件與將來事件在性質上有密切聯繫，所以，艾耶爾對將來事件也作了探討。

上文曾說過，艾耶爾認爲記憶就是對過去事件的信念，是不能證明的。他指出，如果一個人記得一個事件這一事實是相信它出現過的理由，那只是因爲有獨立的證據: 當某人說他記得某個東西時，碰巧它曾是如此。但是，有一些哲學家不這麼看問題，

他們誇大記憶的作用，認爲記憶是關於過去的知識的根本來源；他們把記憶看成是一種精神的照相機，唯一有能力把鏡頭對準過去。可是，他們並不認爲有一種相應的照相機來記錄將來。他們一方面錯誤地說明了記憶的作用；另一方面，又否認了預測或預見的作用。其它還有一些反對預見的觀點。艾耶爾力排衆議，提出：

> 預見某物就是知道並非現正發生的東西，而是將要發生的東西；在這個意義上，正如記得某物就是知道並非現正發生的東西，而是已經發生的東西。⑬

有的哲學家認爲，如果一個人預見一個將來事件，那麼它就完全不會是將來的，而是現在的。艾耶爾認爲，這種看法類似於這樣的觀點：如果一個人記得一個過去事件，那麼它就是現在的而不是過去的；在他看來，這兩種觀點同樣是荒謬的。一般說來，沒有多少理由可以說將來事件已經存在，正如沒有多少理由可以說過去事件仍然存在。他指出，在過去事件與將來事件之間是有差別的，差別在於過去事件較早於在說話時刻構成現在事件的那些事件，而將來事件則遲於那些事件。但是，由此不能得出結論說：將來事件是開放的，即不可決定的，或不可知的；而過去事件則是封閉的，即可決定的或可知的。艾耶爾的觀點與此結論完全相反。他指出，過去事件是封閉的，其意義是：已經存在的東西是已經存在的；這就是說，如果一個事件已經發生，那就

---

⑬ *PK*, p. 187.

無法使它不曾發生；這就是所謂「覆水難收」。他認為，這種分析也可用於將來事件，即將來事件在以下意義上也是封閉的；將存在的東西是將存在的；如果一個事件將發生，那就無法使它不發生；這就是所謂「事將定局，無法阻擋」：因為如果它被阻擋，它就不是某種將成定局的東西。接著，艾耶爾分析了將來事件和過去事件在另一種意義上都是開放的。從在任一給定的時刻，事件的進程已經達到了一個轉折點這一事實不能得出：它將繼續沿著這個方向，而不是那個方向；在這種意義上，將來事件是開放的。在類似的意義上，過去事件也是開放的。從事件的進程已經達到了某個方位這一事實不能得出：它曾經來自這個方向而不是那個方向。但是，艾耶爾也承認在下述意義上將來事件是開放的而過去事件是封閉的：我們現在不能做關於過去事件的任何事情，而能做關於將來事件的某些事情。顯而易見，我們不能製造將來事件（除了它將是的東西），也不能製造過去事件（除了它曾是的東西）。但是，我們現在的行動對過去事件沒有影響，而對將來事件能有影響。艾耶爾的這個觀點是在批判宿命論時提出的。

綜上所說，艾耶爾在對過去事件與將來事件的比較分析中，肯定了預見的作用，強調了人們現在的行動對將來事件的影響。

第五節　關於他心的陳述

我們已經論述了艾耶爾在邏輯實證論時期和現象論時期關於他心問題的觀點，本節論述他在知識論時期關於這一問題的看法。

艾耶爾首先考察了一些哲學家的主張。這些人認爲對「精神的」事實進行分析，按照這些事實是與他人相關還是與自己相關而有根本區別。如果我說到自己：我是在痛苦中，那麼我是指只有我才能意識到的一種感情；如果我的陳述是眞的，那麼我也許顯出了外部的痛苦標記；可以認爲痛苦標記的外部顯示是我的陳述（即「我是在痛苦中」）的意義之一部分，但是這並不是該陳述的全部意義。而我說到他人：他是在痛苦中，那麼我的陳述的全部意義就是：他顯示痛苦標記，他的身體處於如此這般的狀態，或他以如此這般的方式作出行爲或行爲傾向；這是我可設想觀察到的一切。艾耶爾在邏輯實證論時期也持這種觀點，他在《語言、眞理和邏輯》一書的第七章提出對自己的經驗作心理主義解釋，對別人的經驗作行爲主義解釋。

艾耶爾接著對以上論點提出了詰難。他認爲，由此論點可以推出：我關於我的感情所作出的陳述對其他任何人不能具有它們對我所具有的同樣意義。因此，如果某人問我是否我在痛苦中並且我回答我是，那麼我的回答就不是對他的問題的回答。因爲我正在報導一種感情的出現；而他的問題只能是關於我的身體條件的。同樣，如果他說我的回答是假的，那麼他並不與我矛盾：因爲他所能否定的一切就是我展現了適當的痛苦標記，可是這並不是我所斷定的東西。由此可見，上述論點是不一致的。主張此論點的哲學家不僅是想要論證：他關於他自己感情所作的陳述對他所具有的意義不同於它們對其他任何人所能具有的意義，他也想使他的理論具有一般的應用：當我們談論我們自己的精神狀態時，我們正在指稱我們能直接瞭解的經驗，但是當我們談論他人的精神狀態時，我們正在指稱他們的身體條件或行爲。但是如果

這個理論是正確的，那麼在精神的東西和物理的東西之間、私有的東西和公共的東西之間的這種區別除了在人們自己中能作出之外，無論如何是作不出來的。如果我不能區別他人的感情和他們的身體表達，那麼我就不能假定他區別它們。或者說，如果我假定他區別它們，那麼我只能假定他犯了一個邏輯錯誤，即他採用了兩種表達式當它們指稱同一個東西時去指稱不同的東西。我不能既承認他所作的區別又說它對我毫無意義。艾耶爾說：

> 這個理論試圖呈現的圖景是若干人被圍在他們自己經驗的堡壘之中。他們能觀察其它堡壘的城牆，但他們不能進入它們。不僅如此，而且他們甚至不能設想處在它們後面的任何東西。他們關於與自己堡壘不同的其它堡壘的一切論說受到對城牆的描述的限制。但是，描繪這幅圖景的哲學家自己，用這理論的說法，是被囚禁在這樣的一個堡壘之中的。如果他談論他人的堡壘，那麼他只能描述它們的城牆。因此，如果他的圖景是精確的，那麼他就不能描繪它。他甚至不能想像他人是處在像他自己的同樣情境之中。❹

艾耶爾的生動、形象的描述深刻地揭示了上述理論的弊端。但是，從我們各自都有經驗如何可能也把這些經驗歸於他人呢？艾耶爾認為，困難的根源在於人們假定了存在著某種人們在想像上不能觀察的東西。他指出，必須區別對任何人不可證實的陳述和

---

❹ *PK*, pp. 245-246.

那些對某個特殊人不可證實的陳述。他以關於過去事件的陳述爲例，說明從這些陳述是由那些不能觀察它們所指稱的事件的人所提出這一事實推不出這些事件是完全不可觀察的。這一點能否同樣應用於關於他心的陳述呢？他認爲，在關於他心的陳述的情況下有一種特殊的困難，從而使這種陳述與關於過去的陳述有所不同。人們不能觀察一個過去事件，這是由於人們在時間中位置的偶然性造成的：一個人生活在某某時期這個事實對於他之爲他這樣的人是不重要的。可是，一個人不是其他某個人，這並不是偶然的。邏輯上不可能使一個人等同於另一個人。因此，如果我不能觀察在他人的心靈中發生的東西，那麼就不可能通過調整我的處境來克服困難。艾耶爾指出，在一個方面，兩種陳述的相似仍是成立的。在沒有特殊的一類關於過去事件的陳述這種意義上，也沒有特殊的一類關於他心的陳述。這就是說，沒有一個陳述本身是關於過去的，同樣，也沒有一個陳述本身是關於他心的。使用代名詞如「你」或「他」可以指明所指稱的人是除說話者以外的某人，正如使用時態可以指明事件早於作出陳述的時間；但是，指稱一個人經驗的陳述之意義不受該陳述是由除此人自己以外的某人提出這事實的影響，同樣，指稱出現在某個時間位置的一個事件的陳述之意義不受該陳述在其後的時間提出這事實的影響。在一個陳述事實上是關於「他心」的陳述這種情況下，所說的東西實質上是符合某種描述的某人具有如此這般的一個經驗。如果我能知道何謂滿足某一組描述並具有某個經驗，那麼我就能理解這樣的一個陳述：滿足這些描述的某人正具有那個經驗，這種理解獨立於那個人是否是或可能是我自己的問題。

由上所說，艾耶爾在分析關於他心的陳述時與關於過去事件

的陳述作了對比研究，論述了關於他心的陳述之實質。由此，艾耶爾提出了以下論點：一個人能把一個意義加給指稱他人經驗的陳述，而且這意義同於經驗所歸諸的那些人加給這些陳述的意義。怎樣用歸納論證來為我們接受這樣的陳述而辯護呢？下面我們根據艾耶爾的思想說明辯護的方法。首先，根據我自己的經驗，我形成一個一般假設：某些物理現象由某些感情相伴隨。當我觀察到其他某個人處於適當的物理狀態時，我就能推出：他有著這些感情；這些感情相似於那些在相似情況下我自己具有的感情。對此，有一種異議：這是人們從單個實例進行的概括。艾耶爾在反駁這個異議時指出，這並不是把僅對一個人有效的結論推廣到所有其他人，而是從某些性質在各種情境中聯合在一起這一事實達到如下結論：它們在進一步的情境中仍然聯合在一起。他舉了一個例子：當我有一個病牙時，我感覺相當疼痛並且傾向於以某些特別方式表達這種感情。他指出，這些聯繫獨立於其它情況如我碰巧所在的地點、我穿衣服的方式、氣候狀況、我的政治意見的性質等等而保持著。另一方面，它們依賴於我的神經系統的狀態。所以，當我觀察到其他某人患有相似的病，並且以相似的方式行動，我就可推知一種相似的感情也出現，除非在此情況下有某種東西使聯繫中斷。艾耶爾舉了一個例子：如果我知道他全身麻木，那麼我就可以得出結論說他不感到疼痛；雖然他的行為好像他感到疼痛似的，但這只是偽裝的。在某些性質聯合出現的情境之中，其它一些特點如他的髮色、他的出生日期、他的子女數等等都將作為不相干的因素而被排除。所以，艾耶爾提出的問題並不是：我怎樣去為我認為只符合我自己的東西也符合他人這樣的假定進行辯護呢？而是：在各種情況下已經發現具有某

些性質總是同具有某一感情聯繫在一起，當這些情況進一步變化時，這種聯繫是否能繼續得到呢？他通過把人的差別與心理─物理聯繫在其中保持的情境差別合併起來考察，從而拓寬了歸納論證的基礎。艾耶爾在知識論時期對關於他心的陳述所作的歸納辯護比起在現象論時期的類比辯護前進了一步。

最後，我們引證艾耶爾在〈一個人對他心的知識〉這篇論文中所得出的結論：

> 以下所說必然是真的：我作為我所是的一個人，不是其他的某人。以下所說也必然是真的：我不能在想像上滿足其他某人所滿足的一切描述，我仍是一個不同的人。如果滿足他人所滿足的一切描述成為我真正知道他所思考的或感覺的東西的要求，那麼以下就必然是真的：這是某種我永不能真正知道的東西。另一方面，關於任一給定的性質，這性質我自己也許佔有也許不佔有，看來沒有任何邏輯理由說明為什麼我不能檢驗它同其它某些性質聯繫的程度：當我把一個經驗歸於其他某人時，我正在斷定的東西恰恰是，具有它這種性質是同某些其它性質共例證的。推理不是從我的經驗本身到他的經驗本身，而是從某些性質在各種情境中曾被發現聯在一起這事實到這樣的結論：在進一步的一個情境中，這種聯繫仍將保持。這是一種標準類型的歸納論證；我不能明白以下事實怎麼會使這種論證歸於無效：不管人們能把正類比方法擴展到什麼範圍，它總是仍然留在人們自己經驗的範圍內。 ⑮

---

⑮ *Philosophical Essays*, MacMillan & Co. Ltd., 1954, p. 214.

第六節　評艾耶爾的知識論

艾耶爾在知識論時期，提出了許多獨到的哲學觀點。

首先，艾耶爾把知識定義為以下三個條件的合取：1. 所知道的東西是真的，2. 人們必須完全確信所知道的東西，3. 人們有權確信。艾耶爾的定義確實很新穎，具有啟發性。問題在於，這一定義使人感到突兀。本來，知識屬於認識的範疇，給知識下定義必須首先考慮這一點。另外，艾耶爾的定義還使人感到不全面，好像知識就是一些單個的命題。因此，我認為，給知識必須下一個認識論的定義：知識屬於認識的範疇，是人類在長期的社會實踐活動中感性認識和理性認識的成果之總和，可分為感性知識（生活常識）和理性知識（科學知識）。我們的定義說明了知識的來源、知識的整體性以及知識的類別。艾耶爾的定義根本不包含對這些問題的說明，脫離了人的認識，脫離了知識的來源，也脫離了知識的整體性。他把知識問題轉換成一個人對某一真命題是否有權確信的問題，並把它作為知識論的主要任務。這樣，艾耶爾就把知識論的範圍縮小了。

艾耶爾的知識論是以對懷疑論模式的考察為基礎的。他將懷疑論模式歸納為四個步驟，對這四個步驟的否定就產生了四種不同的知識論：即素樸實在論、還原論、科學觀和描述分析法。他把整個知識論歸結為對懷疑論論證的一組不同的解答。我們承認，這種理論確實是艾耶爾哲學思想中最好的論述，是他的獨創。這種理論從一個側面揭示了懷疑論的某些特點，但是將懷疑論歸結為四個步驟的論證模式未免失之偏頗。懷疑論是對客觀的

物質世界和客觀眞理表示懷疑的哲學理論。哲學史上不同時期都出現過懷疑論，各有其特點，所懷疑的具體對象有所不同。古代懷疑論者認爲，對每一事物都可以有兩種互相排斥的意見（即肯定和否定），因而我們關於事物的知識是不可靠的；既然事物是不可認識的，那麼在理論上就應當放棄判斷，而在實踐中就應當對事物抱著漠不關心的、冷淡的態度，以保持心靈的恬靜。在文藝復興時期，懷疑論者對教會和經院哲學所宣揚的各種教條採取了懷疑的態度。在18世紀，懷疑論以不可知論的形式出現。休謨認爲世界上存在的只有心理的知覺，此外，是否有眞實的事物存在，那是不可能知道的；建立在因果關係上的關於事實的知識沒有任何確定性。康德爲人的認識能力劃定界限，主張物自體是不可認識的。由上可見， 懷疑論有各種形式， 懷疑的對象各不相同， 很難用一個統一的模式來概括。我們可以說，各種懷疑論只有一個統一的原則，那就是：懷疑。

艾耶爾根據他概括出的懷疑論模式四步驟，提出了否定每一步驟的四種知識論類型。而且，在四種類型中有三種都承認懷疑論論證中的一個、兩個或三個步驟，都不能與懷疑論劃清界限。這種歸結並不符合哲學史上所出現的實際情況。知識論也就是認識論，其主要內容有：1.知識或認識的性質、結構，2.認識與客觀現實的關係，3.認識的前提和基礎，4.認識發生、發展的過程及其規律，5.認識的證實或眞理性標準。據此，就有各種不同的知識論。艾耶爾提出的素樸實在論、還原論、科學觀和描述分析法等四種是很不全面的。 拿現代的知識論來說，學派林立。例如，唯心論、實在論、構成論、直覺論、有機論、經驗論的實用主義、概念論的實用主義、現象論分析哲學、物理主義分析哲

學、實用主義分析哲學、日常語言分析哲學以及辯證唯物主義，等等，都有自己的認識論體系。它們不能完全包容在艾耶爾的四種類型之中。

艾耶爾的獨到之處在於，他用邏輯分析方法區分出四種知識論所用的邏輯論證。這對於人們在研究知識論時，提供了一種新的邏輯工具。把邏輯分析方法應用於知識論的研究，這確實是艾耶爾的主要功績。如果我們重新對各哲學學派的知識論進行邏輯分析，就可望得出許多新的成果。例如，艾耶爾的現象論翻譯論或還原論就是知識論中的還原論，其邏輯論證如下：相對於我們對證據的知識，我們對結論的知識是間接的；結論要下降到證據的層次；降到證據層次的結論是從證據可演繹的。這樣，物理對象就是從我們的感覺經驗內容作成的邏輯構造，關於他心的陳述等價於關於它們的物理顯示的陳述，關於過去事件的陳述等價於關於現在和未來的陳述。因此，通過邏輯分析，我們對現象論翻譯論的實質就有了更深的認識。

艾耶爾在知識論時期提出的知識論是科學觀。這種理論承認懷疑論證的前兩步，即：我們關於結論的知識相對於證據而言是間接的；由證據到結論不是演繹的；承認證據和結論之間存在鴻溝，但可用歸納推理來填平。根據這種理論，物理對象的存在、他人經驗的存在和過去事件的存在都是或然假說，它們由於說明了人們自己的經驗因而得到辯護。以上就是艾耶爾知識論的總綱。顯然，這種理論是很難成立的。這裏，艾耶爾使用了他的「弱」可證實原則。我們在第二章已經看到，弱可證實原則是一個可疑的原則。艾耶爾在知識論時期復活這一原則，表明他在探求知識論時陷入了困境。

物理對象的存在僅僅是由人們自己的經驗得到辯護的或然假說嗎？艾耶爾自己也並不眞是這樣認爲的。他在〈維也納學派〉一文中說：

> 沒有一種事物的存在邏輯上依賴於是否描述過這種事物。行星早在人們開始注意它們之前，就沿著自己的軌道運行，而且即使地球上從來沒有出現過抱著概念論體系的人，它們仍然繼續沿著自己的軌道運行。

這是無法否認的眞理。但是，艾耶爾爲什麼要與這條眞理背道而馳提出上述的物理對象的理論或感覺經驗實在論呢？其目的是爲了從現象論的困境中拔出來，企圖克服現象論的構造論的缺陷，使經驗主義的哲學路線得以貫徹。物理對象理論或感覺經驗實在論的特點是：在認識論上，物理對象是從感覺經驗構造出來的；在本體論上，物理對象是占先的。從實質來說，感覺經驗實在論是一種二元論。但是，承認物理對象的獨立實在性在艾耶爾的知識論中只不過是虛幌一槍，物理對象從感覺經驗的可構造性才是要害。我有我的經驗世界，你有你的經驗世界，從私有性的經驗構造物理對象，本質上就是現象論的構造論，這必然導至唯我論。艾耶爾在晚年也承認這一點。

艾耶爾在知識論時期繼續探討了關於過去事件的陳述和他心的陳述。他從科學觀的角度爲這兩個問題進行歸納辯護。他用另一些關於過去事件的陳述作爲證據使用歸納論證爲某個關於過去事件的陳述進行辯護。實際上，這根本不能稱爲辯護。按艾耶爾的說法，某個關於過去事件的陳述是需要加以辯護的或然假說，

證據是另一些關於過去事件的陳述。但是，這些證據也是或然假說，也需辯護。因此，對關於過去事件的陳述之辯護陷入無窮倒退之中。

關於「他心」或他人經驗的陳述，艾耶爾提出了以下的歸納論證：「當我把一個經驗歸於其他某人時，我正在斷定：具有它這種性質是同某些其它性質共例證的。推理不是從我的經驗本身到他的經驗本身，而是從某些性質在各種情境中曾被發現連在一起這事實到如下結論：在進一步的一個情境中，這種聯繫仍將保持。」這裏，艾耶爾使用了穆勒的求因果聯繫法中的共變法。使用共變法來為關於他心的陳述進行辯護，要比類比法進行的辯護強而有力，這表明艾耶爾的探究上了一層樓。但是，令人不能滿意的是，用共變法所得到的只是說明關於他心的陳述是一個或然程度較高的假設而已。艾耶爾本人對這樣的解決辦法也感到不滿，這就引發了他在構造論時期提出一種新的方案。

第五章 構造論時期

第一節 物理世界的構造

艾耶爾在這一時期所說的「構造」不是現象論的還原論意義上的「邏輯構造」。他的構造論是從現象論的構造論和感覺經驗實在論發展而來的；同時他還吸取了美國著名哲學家古德曼（Goodman, 1906-）《現象的結構》一書中的一些養料。古德曼在書中建立了一個現象主義的實在論系統，其基本元素是顏色可感料（qualia）、地點可感料和時間可感料。地點是在一個視覺域中的地點，時間是那些提供經驗的時間順序而不是物理事件日期的時間。具體的殊相是由共在關係構成的，這些關係是在不同類型的可感料之間、一個類型的可感料同其它兩個類型的可感料的組合之間成立的。因此，在我現在的視覺域中的一個特定項可分別刻劃爲顏色與地點—時間共在，顏色—地點與時間共在，或顏色—時刻與地點共在。視覺面積和形狀並沒有被當作基本的可感料，而是借助於同等面積這一謂詞來加以定義的。這樣構成的框架系統地描述了視覺現象。但是，這一系統有一個有待解決的問題：在多大程度上，對物理世界的描述能適合這個框架，或承認其它種材料的推廣框架。

艾耶爾在構造世界時， 採用的程序與古德曼的程序有所不同。這有兩點理由。第一，他主要關心的不是把現象組織進一個系統，而是說明它們如何能夠承認我們對它們所提出的解釋。第二，一個東西是一個現象就是說它是觀察者至少不明顯地注意的東西，因此，這就使艾耶爾把若干概念作爲初始概念。他從視覺域開始，把大小和形狀的可感料，還有一組模式 (patterns) 加到顏色可感料上去。他借用了物理術語描述所看到的東西，稱它們爲可見的椅子－模式、可見的葉子－模式、可見的貓－模式、可見的門－模式，如此等等。上述詞彙可應用於視覺模式範圍內的任一成員，這些成員使得觀察者認爲他正在觀看相應的物理對象。這並不是說，視覺模式的特點完全由它實際呈現的物理對象的同一性所決定。如果對象被掩飾起來了，那麼模式也許就是與一個不同的對象相結合的模式：在畫謎的情況下，同一個對象可以是造成不同類型的模式之原因；如果觀察者發生幻覺，那麼也許就沒有一個對象是模式所呈現的。

空間關係和時間關係二者在這些模式之間、在它們和不同種的可感料之間成立。因此，一個臉－模式圍著一個鼻－模式；一個貓－模式在空間上可以與一個黑色可感料相符合；一個鳥－模式在視覺域中可以出現於相繼的時刻在不同的地點。空間關係只在同一個感覺的材料之間成立，這些材料在同一個感覺域中是模式；而時間關係可以在不同感覺的材料之間成立。例如，一個可見的鳥－模式可以在一個鳥－鳴聲的出現之前或隨其後。這些描述純粹是質的描述。對鳥－鳴聲的指稱並不含有聲音由鳥引起的意思；它只是用來刻劃不同類型的一個聲音。艾耶爾把三維的可感料之間的空間關係設想成以一種像可感料本身的同樣直接性呈

現出來; 同樣, 他把同時、在前的時間關係看成是直接給予的,
結果感覺域出現的那個時間就具有某個持續期間。

　　可感料可以特殊化, 轉成殊相, 艾耶爾稱這些爲知覺結果。
他與羅素相同的地方在於把知覺結果看成是由性質構成的; 不同
的地方在於他不把知覺結果刻劃成從一開始就是私有的實體。艾
耶爾認爲, 可感料是能在任何人的經驗中得到例示的共相, 因而
不是私有的實體。私有的東西與公共的東西的矛盾出現在以下的
階段上: 在這裏我們不但有指稱不同的人的手段, 而且有區別他
們的內部經驗和他們共同知覺到的外部對象之手段。在艾耶爾現
在所考察的階段, 私有性和公共性的問題還沒有發生。

　　下面我們介紹艾耶爾怎樣從現象語言的元素——可感料和模
式來構造物理世界。

　　首先, 我們把一個觀察者的材料繼續限於那些由視覺所提供
的材料, 但現在我們相信他不但有記憶, 而且有預期的能力。我
們不要求他能證明他的記憶是正確的, 甚至沒有必要假定他的記
憶事實上是正確的, 只是假定他具有關於他過去經驗的合適信
念。這些記憶和預期是怎樣產生的呢? 艾耶爾引證了美國實用主
義哲學家詹姆斯 (W. James, 1842-1910) 在《心理學原理》
中的一段話: 「如果現在的思想是 ABCDEFG, 下一個就將是
BCDEFGH並且在此之後的一個是 CDEFGHI——過去事件的停
竚一個一個地減少, 將來事件的到來彌補損失。舊對象的停竚和
新對象的到來就是記憶和預期的起源, 亦即回顧的和展望的時間
感覺之起源。它們使意識具有連續性, 而無意識, 連續性就不能
稱爲流。」艾耶爾發揮了詹姆斯的觀點, 他把詹姆斯的「思想」
改成「知覺結果」, 認爲這段話的涵義是: 感覺域在內容上部分

重疊，這就很自然地使得原來給出的在單個感覺域的成員之間成立的時間先後關係，被投射到兩旁的鄰域；如果這種關係被設想在這些感覺域的成員和它們鄰域的成員之間成立，並且記憶的作用也賦予它連接意識中間際的能力，那麼，人們就能把時間關係範圍設想成若不是無窮地至少也是不定地延伸的。

感覺域的重疊也能被看成是幫助空間關係的投影越出它們原來被給定的限制。因此，出現在一個視覺域右邊邊緣的一個知覺結果可以在相繼的域內出現在中心，最後出現在左邊邊緣；在原來域內左邊的知覺結果在其後繼者中找不到了，新知覺結果出現在右邊。同時，觀察者記得已從視野中消失了的知覺結果對留下的知覺結果具有的空間關係與留下的知覺結果對新到達的知覺結果具有的空間關係是同樣的。所以，他認為這些相繼的感覺域在空間上是毗連的。結果就是任一給定的視覺域可以被看成是不定地擴展的。

對艾耶爾的構造論來說，有一個經驗事實是極其重要的，這就是觀察者大都居住在一個穩定的世界。艾耶爾認為，雖然事物可以改變它們可感知的性質，但它們大都是逐漸地改變的並且常常是分階段的，在階段之間沒有任何可感知的差別；雖然它們可以改變它們的相對位置，但它們大都原位不動，也就是說存在許多其它事物，它們與這些其它事物在一個相當長的時期內具有恒常的空間關係。由此可得一個結果：在相繼的感覺域中在不同位置上出現一個知覺結果，其過程是可逆的。與那些出現在以前過程中的知覺結果相似的知覺結果，出現在與其前驅的知覺結果彼此具有的空間關係同樣的空間關係之中。從不同的角度看，各種序列的成員以不同的次序出現，但它們的性質仍很相似，序列中

的空間關係仍是不變的。這樣，觀察者就採用一種衡量同一性的新方法，據此在這些不同序列中的相對應的知覺結果不僅相似，而且是同一的。此外，這些知覺結果在過了較長時間之後是可以重新獲得的，並且這時它們幾乎具有同樣的性質，彼此幾乎具有同樣的空間關係，幾乎出現在同樣廣闊的環境中，這樣的事實就使得觀察者把它們看成是在整個區間內持續的。因此，相繼出現於觀察者面前的知覺結果就被設想成在一個不定地擴展的三維視覺空間中是同時存在的並佔有恒久的位置。艾耶爾把這樣的知覺結果稱爲標準化的，所謂標準化就是指它構成一個模型 (model)，而實際的知覺結果幾乎與之密切相應相稱。由此，他引進一個新概念，即把這些標準化的知覺結果稱爲視覺連續料 (visual continuants)。視覺連續料可以變化，例如，在空間上它在一個時間可以與一個黑色可感料符合，在另一個時間可以與一個灰色可感料相符合。艾耶爾指出，對觀察者來說，所有變化都是客觀的。

　　下一步的工作就是使運動成爲可能的。爲此，我們必須把觀察者看成是只考察知覺結果的範圍而不考察知覺結果的其它性質。由於一個知覺結果的範圍等價於它佔有的空間數量，因而觀察者就有可能與地點的佔有者相脫離來考慮地點。不僅視覺連續料而且還有它所在的地點被看成永久在那裏。由於地點作爲若干感覺路線的會合點必須要同一，因而觀察者的世界的組成部分也必須大都是靜止的。在這樣的情況下，艾耶爾如何允許視覺連續料的運動呢？他認爲，如果若干很相似的知覺結果相繼出現在相鄰地點，那麼它們可以失掉它們各自的同一性並被當成單個運動著的知覺結果。

　　怎樣從視覺連續料來構造觀察者的身體呢？艾耶爾認爲，在

觀察者所設定的視覺連續料中有一些的構造與其餘的構造是不同
的：進入前述視覺連續料成分中的知覺結果一般不出現在相似的
環境中，除非所說的視覺連續料被看到彼此處於不變的空間關係
中。這些知覺結果的特點首先是它們傾向於在它們出現的感覺域
中佔有相似的位置，其次是它們具有廣泛性，被它們特殊化了的
可感料在感覺域中佔有非常高的比例。因此，這些可感料就變為
恆久的對象。以上所描述的視覺連續料就是觀察者身體的部分，
這些部分是他通常所看見的。艾耶爾把觀察者的身體稱為中心身
體。這個觀察者能夠把中心身體同其它物理對象區別開來，能夠
根據其與中心身體各部分的相似性，特別是運用指號的能力把中
心身體與他人身體區別開來。關於他心的知識可以證明把這些其
他人體當作其他人是合理的，我們在下一節中論述。得到這個身
體的概念完全依賴於視覺材料同觸覺材料和動覺材料的結合，不
但伴隨著而且促進著視覺空間與觸覺空間的同一。雖然構造觸覺
空間的一般方法與構造視覺空間的一般方法是同樣的，但是有一
個重要的差別：觸覺域的範圍比視覺域要小得多，所以，如果一
個觀察者缺乏視覺，那麼他就必須把觸覺可感料同運動的動覺可
感料結合起來，也許還要同聽覺可感料結合起來，以便得到觸覺
地點這個概念。對一個非殘疾人而言，我們可以取視覺空間作為
主要的，然後考慮它如何能與觸覺材料配合。為達此目的，我
們可利用觸覺知覺的兩個方面：即它們不但在被觸的對象中感受
到，而且在正在觸著對象的手指中感受到。因此，觸知覺結果就
在這些不同的視覺連續料達到暫時一致的地方。由於屬於觀察者
的身體的視知覺結果是一個相對不變的因素，因而觸覺可感料中
發生的變化就被歸諸在其它視知覺結果中的差別。視知覺結果是

視覺連續料的成員，通過以上方法，視覺連續料就賦與觸覺的性質。一旦視覺性質和觸覺性質的聯結已在一個對象不但被觸而且被見的情況下確立起來，那就很容易推廣到下列情況：這裏對象被觸但不被見到，也可推廣到下列情況：這裏對象被見但不被觸。以上所說的推廣之所以可能是因爲這樣一個事實：觸覺可感料，像視覺可感料一樣，在相對不變的視覺路線和觸覺路線的交會點是可以恢復原位的。視覺性質與觸覺性質的聯結也能使觀察者完成他的身體這個概念。他只在映像中所看見的他身體的各部分被認爲是與直接可見的部分毗連的，而不是各自位於看見映像的地方。前述部分與後述部分仍能表示爲不同的視一觸連續料；由於這兩個部分的鄰接，因而各部分也被認爲構成一個單一的整體。最後，觀察者能夠達到區分他自己的經驗和他所感知的事物。他的大多數知覺結果被客觀地加以解釋，它們所特殊化的可感料和它們之間的關係被當做基本物理對象的性質和關係來處理。但是，可能有一些經驗不能納入一般模式，如視覺幻覺、夢覺等。從他的觀點看來，這些經驗本身沒有什麼差錯。它們並不是彼此同時發生的，也不適合他已展開的關於世界的一般圖景。因此，他把對事物存在方式的各種輔助說明（它們是由這些不當的經驗使他給出來的）同基於他的經驗的一般趨向之主要說明加以區別。

綜上所說，艾耶爾提出了一種關於物理世界的構造理論。他稱這種理論爲「對世界的主要說明的理論」或「物理世界的常識理論」或「思辨的實在論」。按照這一理論，物理對象是由標準化的知覺結果或視一觸連續料形成的。當它們不被感知時存在的可能性被推廣到以下情況：對它們的存在來說，認爲它們應被感

知或應有一個觀察者感知它們，這不是必然的。那些歸於這些對象的相對恒常的可感知性質與不同的觀察者觀察它們時所產生的變化不定的印象形成顯明對照。這樣，物理對象就同實際的知覺結果分離，而前者正是從後者中抽象出來的，甚至被認為是後者的原因。物理對象和經驗之間就形成了差別：物理對象是自身存在的，我們通過經驗才達到對它們的認識；結果就是，所有觀察者的經驗，不僅是那些提供輔助說明的經驗，而且還有那些提供主要說明的經驗，被解釋成主觀的。因此，知覺結果在理論中被重新加以解釋，佔有次要的地位，只被當成觀察者的狀態。

艾耶爾在《哲學的中心問題》中對現象論的翻譯論又進行了質疑，然後對他的構造論作了如下的概括：

> 在我已經勾畫的體系中，對條件陳述句的求助被我們對從知覺結果到物理對象的過渡所作的處理得以避免，這種過渡不是嚴格地被處理成邏輯構造的過程，而是按休謨的方式處理成印象的作用。我們只是設定：不是知覺結果而是它們轉變成的對象之連續的和不同的存在。因此，我們能放棄現象論（指還原論或翻譯論——引者注）而採用思辨形式的實在論。在建基於我們的初始經驗命題上的理論的支配下，視一觸連續料的存在成為客觀事實問題。如果正如我將提倡的，我們採用這種立場來判斷何物存在，那麼這些對象就成為我們的第一系統中的元素。⓫

---

❶ *CQ*, pp. 107-108.

他在這段話中所說的設定 (to posit) 這個術語來自蒯因。蒯因在〈經驗論的兩個教條〉中，談到了設定物理世界。艾耶爾設定的是物理對象的連續的和不同的存在，由於這種設定，就使對象和知覺結果分離開來。他所說的「第一系統」是指由純粹事實的命題構成的總體，第二系統超出第一系統是在於它不但爲實際情況而且爲可能情況作出規定並能包含與可觀察的任何東西不直接有關的事項。

根據艾耶爾的概括，我們可以看出，他的構造論是從現象論的構造論發展而來的，從現象論的構造論到感覺經驗實在論再到思辨實在論的構造論，標誌著艾耶爾的哲學思想有了重大的發展。構造論是艾耶爾哲學思想的最終成果，他在1988年爲世界哲學大會寫的講演稿〈爲經驗主義辯護〉中再次論述了他的思辨實在論的構造論。這種理論的實質在於：在本體論上，物理對象是第一性的，但在認識論上，知覺結果或可感料是第一性的。這實際上是他在知識論時期的感覺經驗實在論的發展。他在《哲學的中心問題》中明確說，他的構造論是知識論中科學觀的一種變形。這就是說，他把物理對象的存在變成爲一個或然假說，所謂「設定」對象的存在就是這個意思。

第二節　關於他心的知識

我們在上文說過，艾耶爾一直在探討關於他心的知識問題。在構造論時期，他提出了一種自認爲是滿意的解決。

艾耶爾首先考察了一種爲避免懷疑論而提出的主張。這種主張認爲，在經驗和顯示經驗的行爲之間的關係是準邏輯的。持這

種主張的人論證說，某人（自己或他人）正以一般表示疼痛的方式行動，在此情況下我們學會使用「疼痛」一類的語詞；我們學會使用「思想」這個語詞是在同表達它的說或寫的行動的關係中，是在有時先於這些行動的面部表情、皺眉、出神的關係中來進行的；當我們被觀察到以如此這般特殊的方式行動時，我們就把動機和意圖歸之於我們自己和其他人。由此可得：內部經驗和它們的外部顯示恰恰不是偶然地相關的。行為是經驗存在的標準。艾耶爾認為，上述論證是不能令人信服的。他的理由如下。說詞義應當不可分割地同它們原來被人們學會的語境聯結在一起，這是毫無道理的。當然，小孩子使用過去時態原來是同他的記憶作用連在一起的。他把一個事件表達成關於過去的事件僅當在他看來他記得它；但這並不妨礙他能在一般的過去事件與他所記得的其中一小部分加以區別；一旦作出了這個區別，他就能理解當他記得一個事件的時候，他之記得它並不是它成為過去事件的必要條件。同樣，如果在我感到疼痛時我沒有以他人認為是疼痛的表示方式來行動，那麼我就沒有學會以這種方式來使用「疼痛」這個語詞；但這並不妨礙我把這個語詞不是用來指稱在我自己情況下的我的行為，而只是指稱感覺；當我把疼痛歸於他人時，我也能作出同樣的區別。如果某人說他處於十分疼痛的情況之中但沒有任何表示，那麼對這個問題可做兩種解釋：一是他不正確地使用了「疼痛」這個語詞，另一是關於疼痛結果的假說遇到了反例。總之，艾耶爾不同意行為是經驗存在的標準。怎麼解決這一問題呢？

艾耶爾接受了普特南（Putnam, 1926-）在一篇〈他人的心靈〉的論文中的建議。普特南說：

　　我們接受他人具有精神狀態的命題既類似於又不類似於根
據說明的歸納法接受通常的經驗理論。

艾耶爾據此作出了自己的解釋。他認為，主要差別是，除自己外的
他人有精神狀態的理論是一種沒有遇到勁敵的理論；在這方面，
它像存在物理對象的理論。根據我們關於我們的精神狀態和我們
對他人行為的觀察的知識用歸納法所確立的是一組關於他人精神
狀態的特殊假說；這些假說之外的另一些假說是通過不同的精神
狀態說明同一個行為的假說而不是否定他人有任何精神生活的假
說。因此，我們關於他心的理論與通常經驗理論的相似性就在
於：預設他心理論的特殊假說在我們看來說明了人的行為。傳統
的類比論證的主張在以下範圍內是正確的：使這些假說成為可接
受的東西是它們所假定的聯繫被發現是在人們自己的經驗中獲得
的；其錯誤在於把精神歸於他人處理成好像是把某些特殊特徵歸
於他人一樣，這些特徵人們自身能觀察到而他人則不能。因此，
人們可以想像有一個戒律，它禁止我們不穿衣服彼此相見；在此
情況下，我知道我有一個隱蔽的胎記，據此我不能推出其他每一
個人也有。如果使我把意識歸於他人的歸納推理是這種狀況，那
麼其基礎就十分薄弱。但是，艾耶爾認為情況並非如此。他說：

　　　我之把意識歸於他人並不是我依據一種可疑的類比而接受
　　以下概括的問題：兩個不同系列的事件（一個是心理的，
　　一個是物理的）慣常地聯結在一起。相反，這是我接受一
　　整套理論的結果，這套理論使我能夠通過賦予他人以有意
　　識的思想、感覺、情感和動機來說明他們的行為。我之能

堅持這套理論確實依賴了我從自己的經驗獲得的關於這些精神狀態的知識，但是，我認為接受它的正當理由是，用普特南的話來說，它被發現具有「眞正的說明力量」。❷

艾耶爾在1988年的〈爲經驗主義辯護〉中承認，對此問題還沒有找到一個完全使他滿意的答案。他對在《哲學的中心問題》中提出的觀點又作了進一步的補充，認爲把上述的一套理論與類比論證加以綜合可提供對他心問題的較好答案。但是，他未能解決這一問題。

第三節　因果關係

艾耶爾的因果關係理論來源於休謨。艾耶爾在《語言、眞理和邏輯》一書中認爲，休謨並未斷定沒有一個因果命題是眞實的，他致力於爲判斷因與果的存在而製定一些規則；休謨充分認識到，一個給定的因果命題是眞或假這個問題不是一個能先天地解決的問題，因此，他限於這樣的問題：當我們斷定一個事件是因果地聯繫於另一事件的時候，我們所斷定的是什麼呢？艾耶爾把休謨的回答總結爲三點：第一，因果關係從性質上說不是邏輯關係，因爲斷定一個因果聯繫的任何命題可被否定而沒有自相矛盾；第二，因果律不是從經驗中分析地推導出來的，因爲它們不是從任何有限數量的經驗命題演繹出來的；第三，用特殊事件之間存在的必然關係去分析斷定因果聯繫的命題，這是錯誤的，因爲設想任何觀察會有最小的傾向去確立這種必然關係的存在，是

---

❷　*CQ*, pp. 134-135.

不可能的。艾耶爾根據這三點提出了他的因果觀：每一個對特殊因果聯繫的斷定包含一個因果律的斷定，每一個「C引起E」這種形式的一般命題等價於「無論什麼時候C，那麼E」這種形式的命題，這裏「無論什麼時候」必須理解爲不是指稱C的有限數量的現實例子，而是指稱C的無限數量的可能例子。這就是說，因果律的命題是一個假言命題或條件命題。

　　艾耶爾接著考察了休謨在《人類理解研究》一書中對因果所下的兩個定義。第一個把原因定義爲「一種有另一對象隨之而來的對象，凡是與第一個對象類似的對象，都有與第二個對象類似的對象隨之而來」。第二個把原因定義爲「一種有另一對象隨之而來的對象，它的出現總是使思想轉到那另一個對象上面」。艾耶爾認爲，這兩個定義沒有一個可以按它現成的樣子加以接受。他的理由如下。按照合理的標準，如果我們不是已經觀察到與C相似的事件同與E相似的事件的經常聯結，那麼我們就不會有正當理由相信一個事件C是另一個事件E的原因；即使這是眞的，但仍然有以下情況：在斷定「C是E的原因」這個命題時，同時又否定任何相似於C的事件或相似於E的事件曾被觀察到，這並沒有包含自相矛盾；如果休謨的第一個定義是正確的，那麼這就會是自相矛盾的。第二個定義蘊涵有一些還未想到過的因果律，這也是可以想像的。艾耶爾雖然不同意休謨所提出的對原因的兩個定義，但是他承認在總的因果觀上，他的觀點與休謨的觀點是相同的。特別是對於歸納推理，休謨認爲除了在實踐中成功之外，不可能有其它的辯護；艾耶爾同意這個觀點，並且堅決主張不能要求作出更好的辯護；這第二點是休謨沒有說清楚的。

　　綜上所說，艾耶爾在邏輯實證論時期已經形成了一套關於因

果的理論。這套理論在構造論時期又得到進一步發展。現在我們就來論述他在構造論時期的因果觀❸。

艾耶爾還是從考察休謨給出的兩個原因定義著手。不過這次他引證的是休謨在《人性論》中的兩個定義，而不是《人類理解研究》中的兩個定義。休謨的第一個定義是，原因是「一個先於並且鄰接於另一對象的對象，這裏一切相似於前者的對象同那些相似於後者的對象處於在先性和鄰接性的同樣關係之中」；第二個定義是，原因是「一個先於並且鄰接於另一對象的對象，並且在意象中與之聯在一起，使得一個對象的觀念決定著形成另一對象觀念的心力，一個對象的印象決定著形成另一對象更生動觀念的心力」。艾耶爾認為，這兩個定義是不能令人滿意的。第一，應當闡明它們所指稱的「對象」是特殊的情境或事件。第二，由於鄰接性觀念會遇到芝諾「飛矢不動」的困難，因而必須更為精確地說明因果在空間一時間上鄰接這個要求；先驗地排除相隔一段距離發生作用的可能性，這是不行的。第三，並非所有的經常聯結（甚至是相鄰事件的經常聯結）都被看成是因果聯繫，有時它們被認為是偶然的，有時是一個隱蔽原因的共同結果。第四，休謨把原因定義為不僅展現而且實際說到我們自己的心理習慣，這是一種錯誤。

艾耶爾認為，儘管休謨的定義有這些錯誤，但是定義中所蘊涵的原則是正確的。艾耶爾總結出以下三條原則。第一，因果性只能歸之於事實上的相互關係。第二，在偶然的概括和規律的概括之間的區別在於我們對它們的態度的區別。第三，每一因

---

❸ *CQ*, pp. 179-183.

果判斷都不明顯地指稱一個類似規律的特徵的某種概括。在第二點中所說的偶然概括就是對事實的概括，所說的規律是指自然規律；第二點說的是，事實概括和規律概括的區別不在概括本身的特點，而在我們對它們的態度。從概括本身來說，任何一個概括（即一個假言命題或條件命題）在其前件（即條件）被滿足的每一個例子中都是成立的，這也同樣被一個眞的事實概括所達到。在兩種情況下，如果我們相信概括，那麼我們就相信它應用於所有現實的例子。當概括涉及想像的例子，或已知不是現實的例子之時，區別就產生了。假定有一個概括：每一個具有性質 f 的東西也具有性質 g 。我們把這個概括稱爲 H 。再假定有一個對象 O ，它具有性質 f 。這樣一來，如果我相信 H ，那麼我就把 g 歸於 O ，而不管我把 H 看成是一個規律概括或者一個事實概括。如果我把 H 只當成事實概括，那麼我相信它包含 O 這個信念就易受到 O 具有如此這般的其它性質這個信息的責難，而如果把 H 作爲規律概括，就不會受到責難。例如，假定一次會議必已舉行，在會上某建議在無棄權的情況下被一致通過。這樣，「所有出席會議的人投票贊成建議」就是一個眞的事實概括。我相信所有那些參加會議的人將投票贊成建議這個信念也許經不起以下信息的責難：其觀點與建議衝突的某人或受賄反對它的某人曾在那兒表明他的立場。另一方面，在「所有出席會議的人是熱血的」這個規律概括的情況下，沒有一種信息會影響我相信所有那些參加會議的人將是熱血的這個信念。如果他們是人，那麼我就認爲他們是熱血的，而不管他們持何種立場，也不管他們能被想像具有何種其它性質。艾耶爾在區分事實概括和規律概括的基礎上，提出因果判斷不明顯地指稱類似規律的特徵的某種概括。這種觀點同他

在邏輯實證論時期的觀點是一致的，也就是說，每一個具有形式
「C引起E」的因果判斷，實際上指稱一個具有形式「無論什麼
時候C，那麼E」的因果律，其中「無論什麼時候」不是指有限數
量的現實例子，而是指無限數量的可能例子。為什麼說因果律是
類似規律的概括呢？一方面，因果律具有規律概括的特點：我們
要把這種概括擴散到未知的或想像的例子上；另一方面，因果律
與規律概括有所不同，它還是一種對傾向的概括。艾耶爾考察了
說「人的行為的原因」是什麼意思，他認為，這裏的「原因」一詞
指的是「必要條件」。我們說，如果某某事件不出現，那麼所說的
行為就不會發生。這就是說，存在有窮多的方式使這樣的行為發
生；即該行為是根據不同的傾向概括而與事件連在一起的。如果
這些概括中有一個在一個特殊場合得到例證，而其它概括則沒有
得到例證，我們就說進入概括中的事件是原因。因此，因為某人
受了侮辱，我們可以判斷他很生氣。為了達到這個結論，我們不
一定相信受侮辱總使他生氣，只要相信受侮辱是他這種人常常生
氣的條件之一就足够了。這是必要條件。有時作為原因的事物情
況被認為是一個充分條件的部分。原因這概念往往與變化這概念
結合在一起，因此當一個事件被認為是部分地由前已存在的條件
所決定並且部分地由新出現的條件所決定時，我們就選出這個新
出現的條件作為原因。例如，當汽油用完的一輛小臥車在上山的
一個斜坡停住了，我們就說：它停止的原因是缺少汽油而不是坡
度。第三種情況是，當兩種共同出現的事件系統地相關，並因此
可以被認為是相互決定的，我們就選出其中包含在更廣泛的說明
系統中的一個作為另一個的原因。因此，我們認為，一個對象的
高度決定它的影子的長度，而不把它們看成是互相決定的，因為

我們可以不指稱影子而能說明對象的高度，但不能不指稱對象而說明影子的長度。

　　艾耶爾指出，有這樣一些情況：在經常聯結中的一個元素被當作另一個的指號，而不是它的原因。例如，氣壓計的變化被看成是氣候變化的指號，而不是其原因；因為我們接受一個這樣的理論：它不但用其它因素來說明這兩種變化而且也說明了它們的協調一致性。

　　在轉到下一節邏輯規律之前，我們要提出一個問題：什麼是因果的必然性？它與邏輯的必然性有什麼關係？艾耶爾對這個問題的回答是：

　　　　我們確實把因果的可能性同邏輯的可能性相對照。一種事物情況，對它的描述並不自相矛盾，但根據因果性，它仍可被說成是不可能的。以下所說不是邏輯上不可能的而是因果上不可能的：貓同老鼠養在一起或蒸汽機沒有燃料而發動。但在這裏，區別不是在於使用了不同的可能性概念而是在於隱蔽地指稱不同種類的規律。說一種事物情況是不可能的，我相信在兩種情況下就是說存在某個排除它的規律。這樣，一個必然的事物情況將是被規律所要求的事物情況，也就是說它的否定被排除；一個可能的事物情況既不是規律所要求的也不是規律所排除的。因此，在邏輯可能性和因果可能性之間的區別只是：邏輯上不可能的東西被邏輯規律所排除，因果上不可能的東西被自然規律所排除。但是，如果這是正確的，那麼試圖根據自然必然性的觀念來發現因果律的觀念，就是錯誤的；因為任何一種

必然性觀念本身都預設規律概念。❹

綜上所說，我們可以把艾耶爾的因果觀總結成以下幾點：

（一）因果關係不是邏輯的而是事實上的相互關係，因爲因果命題可被否定而沒有自相矛盾，而否定邏輯規律就會自相矛盾。

（二）用自然必然性的觀念來分析因果律的觀念是錯誤的，因爲必然性觀念預設規律觀念。

（三）因果律是一種類似自然規律的概括，它與事實概括的區別不在概括本身的特點，而在於它把概括擴展到未知的或想像的例子上。它具有「無論什麼時候Ｃ，那麼Ｅ」的形式。

（四）歸納推理除了在實踐中成功之外沒有其它證明，不能要求更進一步的證明。

第四節　邏輯規律

上面說過，艾耶爾認爲邏輯上可能的東西就是同邏輯規律一致的東西，因此，他認爲，對邏輯規律的否定是邏輯上不可能的，從而邏輯規律本身是邏輯上必然的。艾耶爾在晚年承認，他不信奉客觀的物理的必然性。他認爲，必然性是一個純邏輯概念；而物理的必然性、因果必然性是形而上學的必然性，是荒謬的。他覺得，他在試圖消滅這種荒謬的學說方面應得Ａ分。因此，實際上他只承認邏輯必然性，而要說明邏輯必然性就必須說

---

❹　*CQ*, p. 149.

明什麼是邏輯規律以及它們如何獲得其眞值❺。

一、命題邏輯

在命題邏輯中，有一類表達式，它們被稱爲邏輯常項；還有一類表達式，它們代表語句表達的命題，被稱爲命題變項。邏輯常項和命題變項都是人工符號。命題邏輯的符號表達有好幾種，我們現採用一種：邏輯常項有 $\neg$，$\wedge$，$\vee$，$\rightarrow$，$\leftrightarrow$；命題變項是 p，q，r，……。邏輯常項 $\neg$，$\wedge$，$\vee$，$\rightarrow$，$\leftrightarrow$ 可大致翻譯成「非」、「並且」、「或者」、「如果 …… 那麼」和「當且僅當」。指派給邏輯常項的意義不依賴於它們在任何自然語言中的翻譯語用法的細節，而是明確由一組規則決定的，這些規則把得自各種運算的命題的眞值同運算在其上進行的那些命題的眞值相配起來。例如，如果「p」和「q」是任意兩個命題，否定式「非‐p」是眞的如果「p」是假的，「非‐p」是假的如果「p」是眞的。合取式「p並且q」是眞的如果「p」是眞的和「q」是眞的。析取式「p或q」除「p」和「q」皆假外在每一情況下都是眞的。蘊涵式「如果p那麼q」是眞的如果或者「p」是假的或者「q」是眞的。等價式「p當且僅當q」是眞的如果「p」和「q」兩者同眞，或者兩者同假。

由上可見，這五個邏輯常項並不是互相獨立的。可以取否定和合取，也可以取否定和析取，作爲初始常項來定義其它常項。例如，「p並且q」可以變形爲「並非或非‐p或非‐q」，「p或q」可以變形爲「並非既非‐p又非‐q」。這五個邏輯常項還可

---

❺　*CQ*, pp. 184‐198.

進一步還原爲一個，這可以取一個如下的符號作爲初始的：當它應用於任何命題「p」和「q」時產生命題「並非既 p 又 q」，或者取如下的符號作爲初始的：當它應用於「p」和「q」時產生命題「既不是 p 又不是 q」。因此，如果取「p/q」爲眞意爲「p」和「q」並非兩者都眞，那麼「非-p」就可定義爲「p/p」，「p 並且 q」定義爲「(p/q)/(p/q)」。一般說來，取五個邏輯常項比較方便。

這五個邏輯常項也是五個算子，它們都是眞值函項，這就是說，由它們所產生的命題的眞或假完全由它們在其上進行運算的命題的眞或假來決定，簡單說就是，複合命題的眞假由其中肢命題的眞假完全決定。一個複合命題往往由於肢命題有不同的眞值指派因而有不同的眞值，例如，命題「如果 p，那麼（如果 q 則 r）」算是眞的如果「p」假或「q」假或「r」眞或「p」「q」「r」三者皆爲眞，但它算是假的如果「p」和「q」是眞的，而「r」是假的。但是，也有這樣的情況：不管肢命題取什麼眞值，由它們組成的複合命題總是眞的。艾耶爾舉的例子是「如果（如果 p 則 q）那麼（如果非-q 則非-p）」。據定義，此命題等值於「如果（非-p 或 q）那麼（q 或非-p）」，顯然，不管「p」和「q」取何眞值，以上命題總是眞的。具體做法是，列出「p」和「q」的眞值組合的全部可能性，共有四種：1.「p」和「q」皆眞，2.它們皆假，3.「p」眞而「q」假，4.「p」假而「q」眞；然後根據對否定、析取和蘊涵的運算規則，我們總可得出，上述命題在四種情況下都是眞的。類似的檢驗表明，上述命題的否定在四種情況下都是假的。艾耶爾指出：

> 凡是能以這種方式而有效的命題可稱為邏輯上的真命題，
> 並被視為邏輯規律。相應地，凡能這樣無效的命題是不一
> 致的，或邏輯上假的命題。❻

對任一命題，我們總有一種方法來判定它是否屬於這類邏輯真命題。滿足這個標準的命題稱為重言式。這就是說，重言式是命題邏輯的規律。維特根斯坦最先把重言式刻劃成對基本命題的所有真值可能性皆真的命題。此外，維特根斯坦認為，重言式不產生任何事實信息。例如，當我知道或下雨或不下雨時，關於天氣我並不知道什麼。

命題邏輯的重言式有無窮多，我們可以把重言式的總體組成一個形式化的公理系統，稱為命題演算。它是從一些作為公理的重言式出發，應用明確規定的推理規則，進而推導出一系列作為定理的重言式。簡單說來，命題演算是命題邏輯的形式化。

艾耶爾沒有詳細討論命題演算，他所關心的是命題邏輯中的規律即重言式。他認為，邏輯規律之所以沒有傳達事實信息是因為它們的真值完全由給予邏輯常項的意義所決定。在邏輯規律中，對其中的命題變項不管代入何種命題，也不管其真值如何，結果總是恒真的。只在應用這些邏輯規律時才發生與經驗事實的關係。包含邏輯常項的命題在經驗上可被證實。一旦這一點被確立，我們就能把演算應用於這些命題；只要我們遵守規則，我們就不能從真命題推出假命題；這是因為邏輯常項對於前提的作用

---

❻ *CQ*, p. 186.

是使得如果結論不成立則前提就不會成立。

二、謂詞邏輯和摹狀詞理論

在謂詞邏輯中，除了以上五個常項外，還有以量詞形式出現的常項。量詞的概念是與命題函項的概念聯結在一起的。按羅素的說法，一個命題函項就是用含有一個或多個不定成分的一個語句所表達的東西，使得當這些不定成分所標記的空隙被填滿時，這個語句就表達一個命題。因此，開語句「x是聰明的」表達一個命題函項，其中「x」是個體變項；當用一個人名代「x」時，這個開語句就變成一個命題。開語句「f蘇格拉底」表達一個命題函項，其中「f」是一個謂詞變項，當謂詞成為確定的，該語句就成為一個命題。「x」和「f」都是變項，代替它們的對象或性質稱為它們的值。不給變項以確定的值，我們也能通過對變項進行量化來表達命題。例如，在函項「x是聰明的」中，對個體變項「x」進行量化，可得兩種量化命題：1.「對某x而言，x是聰明的」或「存在一個x，使得x是聰明的」；2.「對所有x而言，x是聰明的」。「對某x而言」或「存在一個x」稱為存在量詞，「對所有x而言」稱為全稱量詞。如果我們明確地指稱人，那麼就得到以下命題：「對某x而言，x是人並且x是聰明的」和「對所有x而言，如果x是人則x是聰明的」；這兩個命題在語言中分別表達為「有的人是聰明的」和「所有人是聰明的」。應當注意的是，用「有的」一詞在自然語言中例如在上述漢語語句中具有存在一些人的涵義，但用全稱量詞並不具有這樣的涵義。例如，命題「所有獨角獸是野生的」可轉變為「對所有x而言，如果x是獨角獸，那麼x是野生的」，根據規則，該命

題等值於「對所有 x 而言，或者 x 不是獨角獸，或者 x 是野生的」。因此，由於沒有獨角獸這種東西，因而這個命題爲眞，其反對命題「所有獨角獸是家養的」也同樣爲眞。在亞理士多德邏輯中，「所有A是B」和「無A是B」是一對眞正的反對命題，它們可同假，但不能同眞。在亞氏邏輯中，也假定了「所有A是B」、「無A是B」、「有A是B」和「有A不是B」四種命題中至少有一個是眞的，A's （A的複數）的存在必然得到保證，而不管它們是什麼。爲避免這個荒唐的結果，我們必須作出如下規定： 亞氏的假定只在某些 A's 存在也許是假預設的情況下成立。

量化技巧可用來消除單獨詞項。羅素的摹狀詞理論可說明這一點。按羅素的觀點，一個名稱僅當存在著它指稱的某對象時才是有意義的，可是像「當今法國國王」這類表面上用作名稱的確定摹狀詞雖然不存在它們所指稱的對象，但顯然是有意義的。羅素解決這個困難的辦法是，重新表述這些摹狀詞出現在其中的語句，使得它們不是好像名稱，而是作爲謂詞出現。因此，「當今法國國王是禿子」變爲「有一個 x，使得 x 現在是法國國王，使得對所有 y 而言，如果 y 現在是法國國王，則 y 等同於 x，並且使得 x 是禿子」。對於有指稱的確定摹狀詞可同樣處理。包含確定摹狀詞的命題變爲一個存在命題： 恰好一個東西具有摹狀詞所歸諸的性質。還有一種不定摹狀詞，如「某個人」。對包含此種摹狀詞的命題也可轉變成一個存在命題： 某個東西具有摹狀詞所歸諸的性質。

這種轉化的技巧不僅適用於確定摹狀詞和不定摹狀詞，而且適用於一切名詞記號，包括專名。蒯因曾經提出，像「蘇格拉底

是聰明的」這類語句可轉化爲「對某 x 而言， x 等同於蘇格拉底並且 x 是聰明的」。我們也能以同樣方法處理指示代名詞：用它們想要指稱的對象底唯一地與之等同的摹狀詞來代替它們。

量詞邏輯不限於性質（一元關係），它還擴展到任意多項的關係。

此外，存在量詞和全稱量詞是可互相定義的。說對有 x 而言，f_x 等値於說沒有一個 x 使得非 $-f_x$；說對某個 x 而言，f_x 等値於說並非對所有 x 而言，非 $-f_x$。通常兩者一起被使用。在同時使用它們時，要注意它們出現的順序。例如，語句「對所有 x 而言，存在一個 y 使得：如果 x 是一個事件和 y 是一個事件，則 y 在 x 之前」表達沒有第一個事件這個命題；可是，語句「有一個 y 使得，對所有 x 而言，如果 x 是一個事件並且 y 是一個事件，則 y 在 x 之前」卻表達這樣一個命題：一個事件在所有其餘事件之前。

關於量詞理論的邏輯眞命題，艾耶爾認爲它們都是在各種一般模式中以謂詞代入字母（其位置保持不變）得到的。例如，三段論「所有貓是脊椎動物，所有脊椎動物有肝臟，所以，所有貓有肝臟」由於以下命題而有效：「對所有 x 而言，如果（如果 x 是貓則 x 是脊椎動物，並且如果 x 是脊椎動物則 x 有肝臟），那麼，若 x 是貓則 x 有肝臟」，而該命題是從以下模式經代入得到的：「對所有 x 而言，如果（如果 F_x 則 G_x 並且如果 G_x 則 H_x），那麼，若 F_x 則 H_x」。此模式之所以有效是因爲所得到的語句表達一個眞命題，而不管什麼謂詞被一致地代入「F」、「G」和「H」。總之，表述這類眞命題的目的是使我們能夠作出可靠的推理，而作出的推理之所以可靠是因爲它們所根據的命題之眞實

性並不依賴於事件的任何實際過程。這些命題的眞是由於有關使用它們所包含的邏輯常項（命題邏輯的算子和量詞）之規則。

三、集合論和類型論

弗雷格（Frege, 1848-1925）和羅素提出數學可化歸爲邏輯，這要依賴於把集合論看成是邏輯的一部分。並非所有邏輯學家都同意他們的觀點，這些人強調謂詞邏輯和集合論之間的不連續性而不是連續性。如果人們認爲，一個理論承諾了它所量化的實體之存在，那麼集合論與謂詞邏輯的主要區別就是：集合論引進了一個新的實體集合。它需要我們對類進行量化；它也需要我們對關係進行量化，不過這並不是另外的承諾，因爲有一些方法可把關係表示成關係項組成的類。

爲了說明對類的承諾底必要性，艾耶爾舉出了弗雷格和羅素底數的定義。他們的基本思想是，一個自然數是類的類。因此，0 是沒有分子的類底類；1 是有單個分子的類底類，2 是所有以下的類底類：它們分爲部分 a 和 b，使得 a 和 b 兩者屬於數 1 的類；3 是所有以下的類底類：它們分爲部分 b 和 c，使得 b 屬於 1，c 屬於 2；如此等等，下一個數都是在其前趨數上加 1 而得到的。這種定義數的程序看起來是循環的，但事實上並非如此，因爲 0 和 1 可用類分子關係加以定義。任何一個類 c 屬於 0 如果沒有一個 x 使得 x 是 c 的分子；任何一個類 c 屬於 1 如果有一 y 使得 y 是 c 的分子並且使得對所有 x 而言，x 是 c 的分子當且僅當 x 等同於 y。我們不但能這樣逐個地定義自然數，而且能給出數的一般定義：數是類的類，它們屬於 0 屬於的並且屬於對每一分子加 1 也屬於的每一個類。但是，這個定義只適用於有窮

數。爲獲得無窮數的定義，我們必須對一種關係進行量化。艾耶爾按照羅素的學說作了說明。如果存在一種關係使得兩類中一個類的每一分子恰好同另一類的一個分子相對應，則稱這兩個類是相似的。這樣，我們就能把任一個類的數定義爲具有適當大小的相似類所構成的類，一般的數就是某一個類的數。這個定義是不循環的。因爲我們定義「一個類的數」沒有用一般的數的概念，所以我們可以用「一個類的數」來定義一般的數而不犯任何邏輯錯誤。具體說來，在定義「一個類的數」時使用了量詞、眞值函項算子，以及等同和類分子的概念，這些都是邏輯概念。不僅如此，而且這些概念對於定義純數學的一切概念（包括幾何能在其中解釋的實數理論的那些概念）都是充分的。所需的一切是，類的量化的過程必須採用較高的層次。類分子關係的符號之意義由一組公理來決定，包括這樣一些公理：包括同樣分子的類也屬於同樣的類；滿足一元謂詞的對象總構成一個類，在該謂詞不滿足的情況下，此類屬於 0，集合論的命題就是那些從這些公理演繹出來的。在一個時期，人們希望整個數學能在這個基礎上加以證明，但情況並非如此。恰恰相反，哥德爾 (Gödel, 1906-1978) 在1931年證明了以下定理：在包含初等數論的任一系統中，將存在一個在本系統內不能證明的眞命題。這些眞命題實際上是說它本身不是可證的。此外，羅素在集合論中發現了悖論。依正常的情形講，一個類不是它自己的一分子，例如人類不是一個人。現在將所有不是自己的一分子的類聚在一起形成一個類；現問：這個類是否是它自己的一分子？ 如果它是自己的一分子，由於定義我們知道它就是那些不是自己的一分子的類中的一個，也就是說，它不是自己的一分子。如果它不是自己的一分子，那麼它不

是那些不是自己的一分子的類中的一個，也就是說，它是自己的一分子。這樣一來，兩個假設（假設它是自己的一分子和假設它不是自己的一分子）中每一個都蘊涵一個與它自己矛盾的命題。這就是著名的羅素悖論。在1901年羅素發現這個悖論之後，其他邏輯學家也陸續發現了其它一些悖論。

羅素提出類型論來解決集合論的悖論。按照類型論，對象依這樣一種分層進行排列：對於一個類型的對象成員或成假的謂詞不能有意義地應用於具有不同類型的那些對象。因此，關於個體能作成的命題對於個體的類不能有意義地作出；關於類能作出的命題對類的類不能有意義地作出；如此等等。這樣，悖論就可避免。從而，對於不是其自身分子的一些類的類，說它是自身的一個分子或不是自身的一個分子，這既不是真的，也不是假的，而是無意義的。羅素將同樣的原則用於解決其它集合論悖論，也用於解決語義悖論，如說謊者悖論。在說謊者悖論中一個用來說及自身是假的命題具有這樣的結果：如果此命題為真，則它為假；如果此命題為假，則它為真。類型論規定，一個其真或假要被斷定的命題，必須比被用來作斷定的那個命題低一個層次，這樣也就可以消除悖論了。由此可得這樣的結論：一個命題不可能有意義地斷定它自身的真或假。

艾耶爾在評論羅素的類型論時指出，類型論雖然達到了它的目的，但付出了一些代價。例如，按照類型論，我們不能以同樣方式有意義地談論各種不同類型的對象，應用於不同類型的表達式是系統地有歧義的；數的表達式具有不同的意義，它們被用於計算個體，或類，或類的類。另一個困難是，不同類型的對象不能有意義地一起加以計算。因為有這種困難，所以許多邏輯學家

認為類型論並不是必需的，他們企圖找出其它方法來處理悖論，例如他們限定滿足一個謂詞的對象被認為構成類應具備一定的條件，那種不是自身分子的類的類是沒有的。由此，也產生的對數的不同說明。例如，馮·諾意曼 (von Neumann, 1903-1957) 把每一數只是等同於它的前驅者所構成的類。

艾耶爾指出，不管類型論在邏輯中的地位如何，它已經產生了其它一些強烈影響。本世紀30年代，邏輯實證論者在反對形而上學時採用了以下觀點：在語法和詞彙方面沒有明顯錯誤的句子仍然可能是沒有意義的。艾耶爾認為，正是類型論的幫助才使這樣的觀點流傳開來；羅素的類型論和摹狀詞理論結合起來推動了哲學家們把句子的語法形式和邏輯形式區別開來，因而給予哲學分析的實踐以強烈的推動。

第五節　評艾耶爾的構造論

艾耶爾的構造論就是「思辨實在論」，是對感覺經驗實在論的繼承和發展，是知識論中科學觀的變形。這種理論的特點是：1.為了避免落入唯我論陷阱的危險，艾耶爾從中立的可感料（包括模式）出發，這些可感料是能在任何人的經驗中得到例示的共相，不是私有的實體，不局限於個人的經驗，不涉及人；2.可感料特殊化，轉成殊相—知覺結果；3.物理對象是設定的；4.人們的標準化知覺結果即視—觸連續料是我們判定為同一物理對象不同表面現象的標準化模型；5.人的身體是由視—觸連續料構成的；6.由於設定了物理對象，因而物理對象就和實際知覺結果分離；知覺結果在理論中佔有次要地位，只是觀察者的狀態。由以

上特點可以看出，艾耶爾的構造論糅合了一些不同的哲學觀點。首先，他把可感料作為共相，把它作為第一性的東西。他把可感料說成是中性的元素，但事實是否是這樣呢？並不是。他說的可感料是指大小、形狀、顏色、聲音以及各種各樣的模式如椅子－模式、桌子－模式等等，這些東西實際上都是人們對外界事物的感覺映象，也就是感覺材料。艾耶爾為了避免唯我論，從私有性的感覺材料中抽象出一般性的感覺材料，並把它叫做可感料，這種可感料脫離了個人對客觀物質事物的反映，成了無源之水、無本之木。我們認為，可感料並不是中性的，而是精神性的東西。如顏色是人們對客觀事物的特性在光波作用下通過視覺在視網膜上所形成的主觀映象，把它說成對人是中立的東西，實在是不可思議的。但是，艾耶爾為了體系的需要，硬把可感料作為第一性的共相，這是一種新的柏拉圖主義。但是，艾耶爾的真正出發點是作為殊相的視－觸連續料，在用視－觸連續料構成物理對象時總必須有觀察者參加；這時，我們不但有指稱不同人的手段，而且有區別人們的內部經驗和他們共同感覺到的外部對象之手段，私有性和公共性的矛盾產生了。這裏，艾耶爾又走上了二元論的道路：一方面，他設定物理對象，另一方面，觀察者的標準化知覺即視－觸連續料構成物理對象（包括人體），視－觸連續料被客觀地解釋，它們以及它們之間的關係被當成物理對象的性質和關係來處理。如此，我們有關外部的公共世界的陳述實際上仍被理解為關於個人經驗（即休謨的融貫性觀念）的陳述，也就是艾耶爾所說的，從知覺結果到物理對象的過渡是按休謨的方式處理成印象的作用。這與現象論的構造論、感覺經驗實在論是一脈相承的。綜上所說，艾耶爾的構造論是柏拉圖式的共相論、二元論和

經驗論的混合物，但其落腳點仍是經驗論。

艾耶爾在構造論時期關於他人經驗的陳述問題並未眞正得到解決。他接受了普特南的建議，一方面用歸納法爲我們接受他人具有精神狀態的命題辯護，另一方面與歸納辯護不同的是，他人具有精神狀態的理論是一種沒有遇到勁敵的理論，是接受整個思辨實在論的結果，具有眞正的說明力量。在兩種情況下，關於他人具有精神狀態的知識都要依賴我從自己的經驗獲得的關於這些精神狀態的知識。由上可見，艾耶爾的解決辦法並不「具有眞正的說明力量」。其實，囿於經驗論是決不能解決關於他心的問題的。

艾耶爾的因果觀有兩方面。一方面，他批評了休謨的四個因果定義，批評了休謨把因果關係說成是心理習慣的錯誤，這是完全正確的。另一方面，他又提出了一些值得商榷的觀點。我們認爲，因果關係是事物或現象之間普遍聯繫和必然聯繫的一個部分和環節。原因引起他事物或現象產生，結果受某種事物或現象的作用而產生。這種產生和被產生的關係就是因果關係或因果律。因果律不但存在於自然規律中，而且存在於社會規律和人們的思維規律中；不但存在於宏觀世界，而且存在於微觀世界。因果律是自然規律、社會規律和思維規律中的一部分。世界上沒有無原因的事物，也沒有不產生任何結果的事物。艾耶爾只承認，因果律是類似自然規律的概括，把因果上不可能的東西等同於被自然規律所排除的東西。這種看法是片面的。我們應當說，因果上不可能的東西是被所有規律所排除的，而不只是被自然規律所排除。

艾耶爾指出，一個必然的事物情況是被規律所要求的事物情

況，也就是說它的否定被排除；一個可能的事物情況既不是規律所要求的也不是規律所排除的。這裏，艾耶爾是在探討一般規律的性質，他把規律的概念看成是與必然性概念具有同等程度的概念，我們十分贊成這一看法。但是，艾耶爾並沒有把這種看法貫徹到底，他在分析因果律時陷入了混亂。按照艾耶爾的邏輯，因果關係是類似自然規律的概括，因果必然性當然是自然規律所要求的，否定了因果必然性也就否定了自然規律。但是，艾耶爾卻不承認這一點，他藉口必然性觀念預設規律概念反對用自然必然性的觀念來發現因果律的觀念，並說可以不矛盾地否定因果律，這就同他所說的「一個必然的事物情況是被規律所要求的事物情況」處於自相矛盾之中。

　　艾耶爾的因果觀中還包括對休謨的「歸納法問題」的解決方案。休謨說：「說到過去的經驗則我們不能不承認，它所給我們的直接的確定的報告，只限於我們所認識的那些物象和認識發生時的那個時期。但是這個經驗為什麼可以擴展到將來，擴展到我們所見的僅在貌相上相似的別的物象；則這正是我所欲堅持的一個問題。」這個問題就是說：應用歸納法能否從過去的經驗即關於過去事件的真陳述推出關於未經驗到的事件的真實結論嗎？休謨的解決辦法是給歸納法以心理上的解釋，雖然不能憑理性從原因推出結果，但可根據心理習慣得出：一個原因出現之後，常藉習慣性的轉移，把人心移在結果觀念上。艾耶爾肯定了休謨對「歸納法問題」的看法，並把休謨的心理習慣解決方案改成：除了在實踐中成功之外，沒有別的為歸納法辯護的方法。此外，他還增加了一點：不可能有別的更好的辯護方法。艾耶爾的看法有一定的合理性。為歸納推理的合理性進行辯護，不能用邏輯方法解

決，而要求助於實踐。當然，對實踐這個概念只能把它理解爲我們在第二章所說的社會實踐。對歸納推理的合理性辯護是相對於某一具體實踐活動的辯護，這種辯護在實踐活動中要不斷地修改，不能指望一次性獲得成功。由此可見，用實踐爲歸納推理的合理性辯護是一種局部辯護。通過局部辯護，我們就可爲各種歸納邏輯劃定適用範圍，這樣就可不受休謨問題的困擾了。另一方面，從邏輯上爲歸納推理進行整體辯護（從絕對無誤的附加前提出發爲歸納推理辯護）之不可能並不等於在邏輯上不能進行局部辯護，事實上，可以建立起局部合理性理論。所以，局部辯護的方法還是多樣的，並不只是一種。

以上我們曾經說過，艾耶爾否定因果必然性，只承認一種必然性——邏輯必然性。邏輯規律就是邏輯必然性的體現。艾耶爾在構造論時期，論述了命題邏輯、謂詞邏輯中的邏輯規律，以此來揭示邏輯必然性概念。按照艾耶爾的觀點，必然的即是分析的，先驗的；這三者是一體，不能分開。我們在第二章中曾經討論過這個觀點，認爲它們是不能等同的。命題邏輯的重言式是邏輯規律，對其中的命題變項不管代入何種命題，也不管其真值如何，結果總是恒真的。這就是說，邏輯規律的真值完全由給予邏輯常項的意義所決定，因此它們沒有傳達事實信息。例如，$((p \rightarrow q) \wedge p) \rightarrow p$ 是一個重言式，讀如：如果（若 p 則 q）並且 p，那麼 p。它的真值表如下：

p	q	p→q	(p→q)∧p	((p→q)∧p)→q
眞	眞	眞	眞	眞
眞	假	假	假	眞
假	眞	眞	假	眞
假	假	眞	假	眞

由上可見，不管 p 和 q 取什麼值，((p→q)∧p)→q 都取眞值。這個重言式是以下推理形式（假言推理肯定式）的反映：

如果 p 那麼 q

p

所以，q

凡是與正確的推理形式相當的蘊涵式都是重言式。爲什麼這些重言式具有必然性呢? 那是因爲它們所反映的推理形式是正確的。正確的推理形式是大量正確的具體推理的科學抽象，例如，上述假言推理肯定式是以下日常生活中的大量具體有內容的推理的概括: 「如果天下雨那麼地就濕，天下雨，所以，地濕」，「如果氣溫達到 0°C 那麼水就結水，氣溫達到0°C，所以，水結冰了」，等等。推理形式離不開推理內容，推理形式的正確性是以具體有內容的推理的前提蘊涵結論的關係爲基礎的，具體推理的前提蘊涵結論的關係具有必然性，從中抽象出來的推理形式就具有必然性，因而推理形式的必然性就轉化爲相應的重言蘊涵式。由上所說，邏輯必然性決不是先驗的、分析的，它是客觀的必然性的反

映。在重言式中，除了反映正確推理形式的大量重言式外，還有一些重言式，如 $p \vee \neg p$（讀如：p或非p），反映了排中律。$p \vee \neg p$ 的必然性來自客觀事物的排中律：任何事物或具有某屬性，或者不具有某屬性；而客觀事物的排中律是具有客觀必然性的，它反映了事物在變化、發展過程中的確定性，不能說一事物具有某屬性不可，又說不具有某屬性也不可，在具有某屬性和不具有某屬性兩種情況中必有一種。對於謂詞邏輯中的規律也可作同樣的分析。利用艾耶爾的例子，「對所有x而言，如果（如果 F_x 則 G_x 並且如果 G_x 則 H_x）那麼，若 F_x 則 H_x」，這是一個普遍有效式，它之所以是普遍有效的是因爲不管用什麼具體謂詞去代入「F」、「G」和「H」，所得的語句都是眞的，例如，「對所有x而言，如果（如果x是貓則x脊椎動物，並且如果x是脊椎動物則x有肝臟），那麼，若x是貓則x有肝臟」就是一個眞語句，而這個眞語句恰恰是以下三段論的反映：

> 所有貓是脊椎動物，
> 所有脊椎動物有肝臟，
> 所以，所有貓有肝臟。

這個三段論式是有效的，表明從兩個前提必然推出結論，這種必然性的客觀基礎是：貓類包含於脊椎動物類，脊椎動物類包含於有肝臟的動物類，由此貓類一定包含於有肝臟的動物類。這說明具體的類的包含於關係具有必然的傳遞性。再作進一步科學的抽象，一般的類的包含於關係也具有必然的傳遞性：如果F包含於G並且G包含於H，則F包含於H。這就是上述普遍有效式具有

必然性的客觀基礎。

　　另一方面，我們想說的是，邏輯必然性並不是絕對的，而是相對的。按照我們提出的實踐整體主義知識觀，邏輯規律是可修改的。例如， 由於實踐的需要， 產生了不同於二值（眞和假二者）邏輯的三值邏輯，由於命題變項可以取三個值：眞、假、可能眞，因而排中律 $p \vee \neg p$ 在三值邏輯中不是重言式，也就是說它不是三值邏輯的規律， 在三值邏輯中不具有必然性。 由此看來，邏輯必然性具有相對性，並不是絕對的。

　　綜上所說，我們承認邏輯規律具有必然性。這是我們和艾耶爾的共同之處。但是，我們認爲，邏輯必然性並不是先驗的、分析的，也不是唯一的、絕對的；它是客觀存在的必然性的反映。這是我們和艾耶爾的差異之處。

第六章 艾耶爾在西方哲學史上的地位

　　我們在以上四章分別論述了艾耶爾哲學思想發展的四個時期：邏輯實證論時期、現象論時期、知識論時期和構造論時期。為了中肯地評價艾耶爾在哲學史上的地位，就必須瞭解他的哲學思想有哪些獨創性。為了做到這一點，就必須追溯他的思想淵源，進行比較研究。我們說，艾耶爾的哲學是對英國的經驗論傳統和維也納學派的現象論分析傳統的綜合，賦予經驗論以一種新的形式。下面，我們首先對這兩種哲學傳統作一個扼要說明。

　　在英國的經驗論傳統中，最初對艾耶爾產生重大影響的哲學家是貝克萊和休謨。貝克萊的出發點是感性經驗，也就是「觀念」、「表象」或感覺。在貝克萊看來，觀念就是感覺。觀念只能同觀念相似，不能同別的東西相似；不是物變為表象，而是表象變為物；觀念不是物的反映，而是現實的物本身。貝克萊抓住洛克關於第二性的「質」（顏色、聲音、氣味等）主觀性的學說，認為不僅第二性的「質」，而且連第一性的「質」（廣延、形狀、運動等）也都是主觀的，把第二性的「質」和第一性的「質」等同於我們的感覺；他認為，任何事物不能離開它的質而存在，如果一切質都去掉了，那就沒有這個事物。他完全取消了洛克所講的「質」的基礎——物質實體，修改了洛克的經驗論，把

經驗論奠基於主觀唯心主義之上。 觀念就是知識對象。 藉著視覺，我可以有光和顏色及其不同程度與差異的觀念。藉著觸覺，我可以感知到硬和軟、熱和冷、運動和阻力以及它們在數量上或程度上的大小深淺。嗅覺供給我以氣味，味覺供給我以滋味，聽覺則可以把各種不同曲調的聲音傳入我的心中。事物是什麼呢？貝克萊認為，事物是「一些觀念的集合」。由於五官的觀念中有一些是一同出現的，我們就用一個名稱來標記它們，並且因而就把它們認為是一個東西。因此，例如某種顏色、滋味、氣味、形相和硬度，如果常在一起出現，我們便會把這些觀念當作一個單獨的事物來看待，並用蘋果的名稱來表示它。另外一些觀念的集合，則構成一塊石頭、一棵樹、一本書和其它類似的可以感覺的東西。貝克萊認為，除了作為知識對象的觀念之外，同樣還有「某種東西」知道或感知它們，並對它們進行各種活動，如意志、想像、記憶等；這樣一個能感知的主動實體，就是心靈、精神、靈魂或自我。它是不同於觀念的另一種東西。知識對象即觀念只存在於這個東西之中，或者說，被這個東西所感知；因為一個觀念的存在，就在於被感知。貝克萊進一步論證說，我說我寫字用的桌子存在，這就是說我看見它，摸到它。假若我走出書房以後還說它存在，這個意思就是說，假若我在書房中，我就可以感知它，或者是說，有某個別的精神實際上在感知它。有氣味，就是說我嗅到過它；有聲音，就是說我聽到過它；有顏色或形相，就是說我用視覺或觸覺感知過它。據此，貝克萊提出，事物的存在就是被感知，它們不可能在心靈或感知它們的能思維的東西以外有任何存在。怎麼知道其他精神的存在呢？貝克萊認為，只有藉其他精神的作用，或者藉其他精神在我們的心靈中所引起的觀

念；我感知到一些運動、變化和各種觀念的結合體，它們告訴我，有某些像我自己一樣的特殊主體伴隨那些觀念，並和它們同時發生。所以，我對於其他精神所具有的知識，並不是像我對於我的觀念所具有的知識那樣直接，它依賴於觀念的中介，我把那些觀念歸屬於異於我自己的能動體或精神，而視之為它們的結果或伴隨的記號。貝克萊根據以下兩個前提：1. 我們感知的不是物質實體，而是顏色、聲音等等性質，2. 這些可感性質是「屬於心的」，或「在心中」，得出以下結論：這些可感性質（觀念）不能存在於心外，它們的產生無必要假定外物的存在，「物質實體」是一種「虛無」。貝克萊考察產生觀念的原因，認為「物質」既然是根本不存在的抽象概念，當然不是觀念的原因。另一方面，觀念本身是被動的、被感知的，一個觀念不能成為另一個觀念的原因。個人的「意志」或「精神」能否成為觀念的原因呢？不能！貝克萊說，當我在白天裏一張開我的眼睛，我就沒有能力來選擇我是看，還是不看，也沒有能力來決定究竟哪些特殊的對象會呈現在我的眼前；至於聽覺和其它感官，也是如此，印在它們上面的觀念並不是我的意志的產物。那麼，一定會有某種別的「意志」或「精神」來產生它們。這個精神就是「唯一」、「永恆」、「全知」、「全善」和「無限完美」的上帝，他創造一切，並且一切事物都依存於他。以上就是貝克萊的有神論現象論的一個概貌。

休謨發展了貝克萊的經驗論。他把「知覺」作為知識的對象，並把「知覺」分成兩類：觀念和印象。觀念是比較微弱和不生動的一類知覺，印象是一切較生動的知覺，是我們聽見、看見、觸到、愛好、厭惡或欲求時的知覺。休謨像貝克萊一樣，認

爲事物是觀念的組合。他說，人的精神所具有的創造力量，只是
將感官和經驗提供我們的材料加以聯繫、置換、擴大或縮小。例
如當我們想到黃金的山時，我們只是把已經熟知的「黃金」和「
山」這兩個合理的觀念連接起來。又如我們能夠想到一匹有德性
的馬，是因爲我們能夠從自己的感覺中想到德性，而又可以把它
與我們所熟知的馬那種動物的形相結合起來。這就是說，所有的
思想原料，如果不是來自我們的外部感覺，就是來自我們的內部
感覺。心靈和意志只是將這些原料加以混合和組合。觀念之間的
聯繫有三條原則：相似性、時空連接性和因果性。休謨的結論
是：我們的一切觀念都是我們的印象的摹本，觀念是從印象引伸
出來的。休謨提出了以下一個根本問題：用什麼論據可以證明我
們心中的知覺必定是由外物喚起的而不是從心本身的能力中，或
者從某種看不見的、無人知道的精神的作用中，或者是從我們更
不知道的其它什麼原因中產生出來的呢？他認爲這個問題是不可
能解決的。在心靈面前呈現的，除了知覺之外，是根本沒有別的
東西的，它決不能經驗到知覺與對象的聯繫。這就是休謨的懷疑
論。他在這一點上與貝克萊有所不同：貝克萊肯定了感覺之外的
精神實體的存在，而休謨則取消了感覺之外是否有什麼東西存在
的問題。休謨從懷疑論的立場出發，提出了一個意義標準：當我
們對於一個哲學名詞的意義或觀念發生疑問時，我們只須追問所
假定的那個觀念是從什麼印象中引伸出來的？如果不可能找到任
何與它相應的印象，那就證實了我們的懷疑了。按照這個標準，
「物質」和「精神」等哲學名詞就是無意義的。休謨把人類理性
的對象分爲兩大類：觀念的關係和事實。屬於第一類的有幾何、
代數、三角、算術等科學。任何一個命題，只要由直觀而發現其

確切性，或者由證明而發現其確切性，就屬於第一類。例如「直
角三角形斜邊的平方等於其餘兩邊的平方和」這個命題，便是表
達這些圖形之間的一種關係。又如「３乘５等於30除以２」這個
命題，便是表達這些數目之間的關係。休謨認爲，這類命題只憑
思想或觀念的作用就可發現，並不以存在於宇宙中某處的任何事
物爲依據。即使在自然中並沒有圓形或三角形，歐幾里德所證明
的眞理仍然保持著它的可靠性和自明性。但是，關於事實的命題
不能與前一類命題的眞理性同樣明確。各種事實的反面仍然是可
能產生的，因爲它並不會包含任何矛盾，而且可以同樣輕易明晰
地被心靈設想到，例如，「太陽明天將不出來」這個命題和「太
陽明天將要出來」這個否定命題，是同樣易於理解的，同樣沒有
矛盾的。休謨認爲，一切關於事實的推理是建立在因果關係之上
的，斷定一個因果聯繫的命題可被否定而沒有自相矛盾。在因果
聯繫方面，休謨提出了後人所稱呼的「歸納法問題」：至於過去
的經驗，我們可以承認，只是提供出關於一定事物以及認識這些
事物的一定時期的直接、確定的報告。但是，何以這種經驗可以
擴張到未來，擴張到我們認爲僅僅在表面上相似的其他事物上面
呢？從「我曾經見到這樣一個事物經常有這樣一個結果跟隨著」
何以能推論出「我預見到別的表面上相似的事物也會有相似的結
果跟隨著」呢？休謨證明了這個問題在邏輯上是不可解的。假定
上述歸納論證的前提和結論之間的中介是證明的推理（即我們所
說的演繹推理）。由於演繹推理保證從眞前提推出眞結論，因而
當歸納論證的前提爲眞時結論必爲眞；但是，因爲自然過程可以
變化，而且一件事物縱然和我們曾經經驗過的事物似乎相似，但
也可以產生出不同或相反的結果，這些都是並不包含矛盾的事；

我們可以設想一個從天上落下來的物體，從別的方面來看雖然與雪類似，但其味如鹽，其熱如火。另一方面，假定中介是或然的推理（即我們所說的歸納推理）。休謨認爲，或然的推理或關於實際存在的論證都是建立在因果關係上面的，我們對於這種關係的知識是完全從經驗中得來的，我們的一切經驗結論都是從「未來將符合過去」這一假設出發的。因此，我們如果企圖應用一些或然的論證或關於實際存在的論證來證明這一假設，那是在兜圈子，而且是將整個問題的焦點當作不成問題的。由於推理只有兩類，因而休謨的歸納法問題不可解的證明就完成了。但是，休謨認爲，歸納法問題在邏輯以外可用心理主義的原則加以解決。這個原則就是習慣。任何一種個別的動作或活動重複了多次之後，便會產生一種傾向，使我們並不憑藉任何推理或理解過程，就重新進行同樣的動作或活動；這種傾向就是習慣的結果。根據兩件事物經常聯繫在一起，例如火與熱，重量與固體，我們僅僅由於習慣就會由這一件事物的出現而期待那一件事物。習慣原則才能使我們的經驗對我們有用，使我們能期待將來出現一連串的事件，與過去出現的事件相似。據此，休謨否定因果聯繫的必然性。他認爲，在考察原因的作用時，我們根本不能在個別的實例中發現「必然聯繫」，不能發現任何一種性質將原因與結果結合起來，使一個成爲另一個的必然結果；我們看到的實際上只是這個東西總歸跟隨著那個東西。

到了 19 世紀，英國經驗 論哲學的代 表人物是穆勒 （John Stuart Mill, 1806-1873）。他強調一切人類知識都來自經驗，認爲哲學以及人類一切知識不能超出經驗的範圍。他把物質定義爲「感覺的恒久可能性」。我們對於物質事物存在的信念，不是

建立在觀察者眼前的感覺而是建立在感覺的恒久可能性的基礎之上。這種感覺的恒久可能性的概念是藉助人的記憶、期待和心理聯想形成的。例如，我看到一張白紙，如果我閉起眼睛或到另一個房間，我就看不見白紙了，但是我仍記得它，並且相信如果我睜開眼睛或再走進原來的房間，那麼我仍將看見那張白紙；因此，不管我是否實際上看見白紙，我總是相信看見白紙的可能性。又如當我坐在這個房間裏的這張桌子旁時，我看到了桌子，產生了關於桌子的視覺；我摸到了桌子，產生了關於桌子的觸覺。但是，當我只看到桌子而沒有摸它時，我就會聯想到如果我摸它就會有觸覺，這時觸覺是作爲可能的感覺而存在的。另一方面，如果我僅有觸覺而並未看到這張桌子（例如在沒有光線的黑房間裏），那麼這時視覺就是作爲可能的感覺而存在的。如果我離開這個房間，既看不見又摸不著這張桌子，那我也會聯想到，如果我再走進這個房間，我仍然會產生對桌子的視覺和觸覺。因此，穆勒認爲，物質事物的存在只具有一種假設的、非實體的存在，它只是由於我們的感覺而產生的假定。穆勒像休謨一樣，也否定精神實體的存在，把精神歸於多種感情的連續，也就是歸於感覺的恒久可能性。

在本世紀，對艾耶爾哲學思想的形成有直接啟迪的英國哲學家是穆爾、羅素和維特根斯坦。穆爾（George Edward Moore, 1873-1958）的哲學首先從「常識」出發。他確認以下三個普遍命題：1.宇宙中存在著大量物質客體，2.人具有心靈，3.人實際上完全知道存在著物質客體和意識活動。由此，人們也知道從普遍命題而來的無數特殊命題的眞實性，例如，一個人當然知道他的身體存在、誕生、成長以及在與地球接觸，知道許多人已經死

了，許多人現在還活著，地球已經存在了一些時間。一個人怎樣知道他、其他人和物質客體的存在呢？從根本上說，這些命題的真實性已經暗含於我們的整個思想方式之中；它們是由許多事物預先設定的，而我們都承認我們知道這些事物。如果任何哲學家否定這些命題，那麼包含在他的否定中的對他自己存在的肯定就表明它錯了。同時，這些哲學家還持有另一些與常識相一致的觀點，這些常識與他的否定是不相容的。穆爾還提出一種直接證明：舉起我的兩隻手，用右手做一個手勢，並且說：「這兒有一隻手」，再用左手做一個手勢，又說：「這兒有另一隻手」，由於這樣的說法所包含的東西與被說到的東西是一致的，因此通過這一點，我已經證明了存在著外在的客體。穆爾提出這些常識命題的目的是什麼呢？是為了進行哲學分析，也就是對感覺材料和物質客體的關係進行分析。他在早年的一篇文章中認為，我們所感知的在特定地點的某些可感覺的質（包括第二性的質和第一性的質）真實地存在於我們感知其所在的地點之中。所謂可感覺的質就是感覺材料。穆爾不僅把第二性的質，而且把第一性的質看成是真實存在的。他在1910年至1911年的講演中，提出了三個命題來表達哲學家們關於感覺材料的觀點：1.任何人曾經直接理解的每種感覺材料，只要是他理解它的時候，它是絕對地存在的；2.任何人曾經直接理解的感覺材料，不會被任何別的人直接理解；3.一個人直接理解的感覺材料，不能與任何別的人所理解的感覺材料存在於同一空間中。他傾向於接受所有的三個命題，並且把感覺材料看成客體的可靠符號，而不是看成客體的外表部分。穆爾在1925年的著名論文《捍衛常識》中試圖對「這是一隻人手」、「那是太陽」、「這是一隻狗」等等常識命題進行正確

分析。他認爲，當一個人知道或判斷這樣一個命題是眞的時候，總是有某種感覺材料，所說的這種命題就是關於它的一個命題，這種感覺材料就是該命題的一個主詞（在某種意義上是主要的或最終的主詞），其次，關於這個感覺材料，我所知道或判斷爲眞的東西本身一般地說似乎並不是一隻手、或一隻狗或太陽等等。關於一個人當時正在知道或判斷的是什麼這個問題，穆爾認爲有三種可能的理論：1.我們眞正知道的是，感覺材料本身是相當於有關的物質客體的外表部分。2.有某種關係R，關於感覺材料我知道的是「有一個也只有一個這樣的東西，說它是相關物質客體的外表部分和說它對這個感覺材料有關係R，都是眞的」，或「有一組這樣的東西，關於這組東西集合地看它是相關物質客體的外表部分，而且說它的每一成分對這個感覺材料都有關係R，而且說任何不是它的成分的東西對這個感覺材料都沒有關係R，都是眞的」。穆爾認爲，把R看成一種最終的和不可分析的關係才是合理的。3.穆勒的觀點，即認爲事物是感覺的恒久可能性，按照這種觀點，例如要想知道這是一隻手，就是要知道在適當條件下一個人將感知以某些特殊方式與這隻手相聯繫的其它感覺材料。穆爾對這三種理論都提出了一些反對理由。總的看來，他對第一種理論最終持反對態度，但他對感覺材料和物質客體的關係一直沒有得到令他滿意的答案。

　　羅素對感覺材料論的研究比穆爾大大前進了一步。不管羅素對知覺的直接予料的特點採取何種觀點，他一貫主張：物理對象如果不以某種方式還原爲知覺，這些對象就不會是直接可感知的。他用錯覺論證來證明上述觀點。在 1912 年出版的《哲學問題》一書中，他主要論述了這樣的事實：物理對象的表面特性在

不同的條件下有所變化，由此得出結論：沒有一個特性是對象的
真實特性。例如，我們去看一張桌子，從不同的觀點上去看，它
便顯出不同的顏色，而且也沒有理由認爲其中的某幾種顏色比起
別樣顏色更實在是桌子的顏色。即使都從某一點來看的話，由於
人工照明的緣故，或者由於看的人色盲或者戴藍色眼鏡，顏色也
還似乎是不同的，而在黑暗中，便全然沒有顏色，儘管摸起來、
敲起來，桌子並沒有改變。所以，顏色便不是某種爲桌子所固有
的東西，而是某種依靠於桌子、觀察者以及光線投射到桌子的方
式而定的東西。當我們在日常生活中說到桌子的顏色的時候，我
們只意味著：在通常的光線條件下，桌子對於一個站在普通觀點
的正常觀察者所似乎具有的那種顏色。但是其它條件之下所顯示
出來的其它顏色，也都有同等的權利可以認爲是真實的；所以爲
了避免偏好一種情況，我們就不得不否認桌子本身具有任何獨特
的顏色了。羅素用同樣的分析方法論述了桌子的質地、形狀、對
桌子的觸覺以及敲桌子所引起的聲響。由此，羅素得出以下結
論：實在的桌子假定確乎存在的話也並不是我們憑藉視覺、觸覺
和聽覺所直接經驗到的那同一張桌子。實在的桌子假定確乎存在
的話也是不爲我們所直接認知的，而必須是從我們所直接認知的
東西中得出的一種推論。羅素在 1912 年的《哲學問題》中肯定
了物質的存在，並對感覺和感覺材料作了區分。感覺材料如顏
色、氣味、硬度、粗細等等，是感覺中所直接認知的東西，感覺
是直接察覺這些東西的經驗。只要我們看見一種顏色，我們就有
一種對於顏色的感覺，但是，顏色本身是一種感覺材料，而不
是一種感覺。顏色是我們所直接察覺到的東西，但察覺本身是
感覺。他用這個區別去反駁貝克萊的觀點：直接的感覺材料是

知覺者心靈中的觀念。他從察覺是一種心靈狀態這一事實出發，認爲並非必然推出一個人察覺到的事物是心靈的，這只是說它在心靈面前出現，正像說它們是察覺的對象一樣。因此，他得出結論：沒有邏輯理由足以說明爲什麼感覺材料不應獨立於感覺而存在。如果人們仍然認爲它們不是這樣存在的，那麼其理由是，這些感覺材料因果地依賴於感覺者的身體狀況。羅素立足於經驗論，把感覺材料當成私人的東西。但是，他認爲，不同的人可以有同一個客體，其理由是：不同的人都有著相類似的感覺材料，而一個人在不同的時間，只要是在一定的地點也會有相類似的感覺材料；由此就可假定：超乎感覺材料之外與之上，一定有一個持久性的共同客體，它是構成不同的人和不同時間的感覺材料的基礎或原因。羅素在 1914 年的《感覺材料與物理學》和《我們關於外部世界的知識》中，觀點有所改變。他提出了一個著名的準則：只要有可能就應當以邏輯構造代替所推論的東西。爲此，他引進了「可感料」這個概念，它們在形而上學和物理學中具有和感覺材料相同的地位，但並不一定是任何心靈的材料，也就是說，它們是不需要實際被感知的感覺材料。可感料同感覺材料的關係就好比是男人同丈夫的關係：男人由於涉及婚姻關係而成爲丈夫，可感料由於涉及獲知關係而成爲感覺材料。例如，在沒有人注視的時候，一張桌子所呈現的形象就是可感料。羅素堅持以下的假定：感覺材料存在於私有空間中，同樣，他認爲可感料也存在於私有空間中。他還引入了「視景」概念，兩個特殊的東西——感覺材料或可感料屬於同一個視景當且僅當它們同時出現在同一個私有空間。在此基礎上，羅素提出了一個新的理論。首先，他把各個視景組成爲一個囊括一切的「視景空間」。

視景空間是私有空間本身的系統，這些私有空間每個都可看成視景空間中的一點，它們由其相似性而列成次序。處於視景空間中的物理對象等同於它們現實的和可能的現象的類，爲了說明這些現象是如何區分的，羅素舉了一個例子。假定我們從一個含有可稱爲硬幣的圓盤狀的私有空間出發，並假定這個現象在所談的視景中是圓形的而非橢圓形的，於是我們就可以構成一整個系列的視景，這些視景又含有一系列不同程度的各種大小的圓形的樣相。爲此，我們只需移向這個硬幣或遠離它。這個硬幣在其中看似圓形的那些視景可以說都在視景空間中的一條直線上，它們在這條線上的次序就是這些圓形樣相的大小的次序。這個硬幣在其中看似大的那些視景可以說比它在其中更似小的那些視景更切近這個硬幣。我們還可以把這個硬幣在其中從一端看好像有一定厚度的一條直線的那些視景做成另一條直線。這兩條線在視景空間的某個地點上即在某個視景中相交，這個視景就可定義爲「這個硬幣所在的(視景空間中的)地點」。這樣，我們就給作爲一個事物所在地點的視景下了定義。據此，所謂一個事物在其中看似大的那些視景比它在其中看似小的那些視景更切近這一事物，就是說前者更切近於爲這一事物所在地點的那個視景。如果在某一私有空間中某物有一樣相，那麼我們就把這個樣相在私有空間中的地點同這個事物在視景空間中的地點相互關聯起來。「這裏」可定義爲在視景空間中被我們的私有世界佔據的地點。一個事物鄰近「這裏」意即它所在的地點鄰近我的私有世界。我們也可以了解所謂我們的私有世界在我們的頭腦之內是何意思了：因爲我們的私有世界是視景空間中的一個地點，而且可能是我們的頭腦所在的地點的一部分。視景空間中有兩個地點是和一個事物的每一

樣相聯繫著，即這個事物所在的地點和以該樣相爲其部分的那個
視景的地點。現考慮同一個單獨樣相聯繫的這兩個地點，我們可
以把這兩個地點區分爲這個樣相在那裏顯現的地點和這個樣相從
那裏顯現的地點。「在那裏顯現的地點」是這個樣相所屬的事物的
地點；「從那裏顯現的地點」是這個樣相所屬的視景的地點。一
個事物在不同視景中的樣相可以看成是從這個事物所在的地點向
外擴散的，當其離這個地點愈來愈遠時就發生種種變化。要把樣
相變化的規律陳述出來，不能只考慮鄰近這個事物的樣相，還必
須考慮處於這些樣相從那裏顯現的那些地點上的那些事物。羅素
進而構造出「單一的包羅萬象的時間」，他認爲這種單一的包羅
萬象的時間之基礎是屬於同一個人的經驗的兩個視景所得到的「
在前與在後的直接時間關係」。關於他人經驗的問題，羅素提出
了類比論證：他人身體的行爲同我們具有某種思想和情感時的身
體的行爲是一樣的，因此，通過類比，人們自然設想，他人的這
些行爲像我們自己的行爲一樣同思想和情感相聯繫。同時，他
指出，類比論證不能給他人具有心靈這一假設以強有力的支持。
這個假設把大量事實系統化而又決未導至有理由認爲假的任何結
論。所以，沒有任何理由來否定它的眞實性，而且有充分的理由
把它當作一個有效的假設。綜上所說，羅素在1914年的觀點是：
物質事物是感覺材料作成的邏輯構造。他在1921年的《心的分析》
一書中，認爲自我可以溶解於經驗的系列中，並且不再相信那
種感覺活動的存在，而他以前是把感覺材料作爲感覺活動的對象
的。因此他抛棄了「感覺材料」這個詞，而把知覺說成是在感
知中直接被給予的對象。羅素吸取了美國實用主義哲學家詹姆斯
(William　James, 1842-1910) 的「中立一元論」，認爲無論

心靈還是物質都是非心非物的原始元素的邏輯構造。心和物的差別是：1.意象和感情這類元素只進入心的構造，2.作用於它們的因果律有所不同。因此，同樣一些知覺，按照物理規律相互聯結時就構成了物理對象，按照心理規律相互聯結時就構成了心靈。在1927年，羅素在《物的分析》一書中，著重分析了物理對象呈現給我們的現象因果地依賴於我們的神經系統和我們所處的環境特徵。因此他引用光線和聲音一樣是隨著時間流逝而行進這樣的事實來說明，當我們觀看一個與太陽相似的客體時，我們看到的並不是它當前的狀態，最多只是它幾分鐘之前存在的狀態；當我們觀看一顆很遙遠的星時，在我們認爲看見它的時候，那顆星也許不存在了。不僅如此，羅素進一步得出以下結論：鑒於所知依賴於環境，依賴於我們對可感知到性質（例如物理對象的大小、形狀、顏色）的神經系統，所以我們沒有充足理由相信，這些對象會像常識所認爲的那樣眞正具有這些性質。羅素在1927年的主要觀點回到了1912年時的觀點，認爲我們對物理對象的內在性質一無所知，而物理空間是某種推論出來的東西，我們有權歸諸物理空間的只是與知覺空間結構上的符合。

維特根斯坦早期的著名著作《邏輯哲學論》，艾耶爾在1931年就讀過它，深受影響。維特根斯坦的主要論點可概述如下。世界是事實的集合，這些事實是原子事實（事態）的存在。這些事態由簡單對象組成，表示這些事態的是邏輯上彼此獨立的基本命題。一個語句要有眞正的意義就必須表達一個或眞或假的基本命題，或者表達一個把一定的眞值分配給基本命題的命題。在後一種情況下，複合命題被認爲是所涉及的基本命題的眞值函項。有兩種極限情形：一個命題可以與基本命題的所有眞值可能性相矛

盾，在這種情形中，它就是一個矛盾命題；它也可以與基本命題的所有真值可能性一致，在這種情形中，它就是一個重言式。在這個意義上，邏輯的真命題都是重言式，因而實際上純數學命題也是重言式（維特根斯坦稱之為「等式」）。重言式和等式是用於進行演繹推理的，但是它們本身對這個世界卻什麼也沒有說。真正的命題是可能事態的圖畫，這些圖畫本身也是事實，並且同它們所代表的東西具有共同的圖像形式和邏輯形式。一個語句如果不是任何可能事態（無論是簡單的或複合的）的圖畫還要聲言有真值，那麼它就不表示任何東西。形而上學的話語不能表示任何東西，因為這些話語既不是基本命題，又不是基本命題的真值函項。這些話語是無意義的，充其量不過是想說一些只能顯示而不可言說的東西。這一點也適用於倫理學和美學。維特根斯坦不承認有因果聯繫和物理必然性，認為相信因果聯繫就是相信迷信；說一個事情已發生，另一個事情必然要發生，這種必然性是不存在的。只有一種邏輯的必然性。歸納法沒有邏輯的基礎，只有心理學的基礎；明天太陽會出來，是一個假設，這就是說，我們不知道它是否會出來。按照維特根斯坦的說法，《邏輯哲學論》的命題本身也是無意義的。他把這些命題比作梯子，當讀者爬上這架梯子後就必須扔掉它，這樣才能正確地看待世界了。他認為，哲學不是一種理論體系，而是一種活動，一種澄清自然科學的命題和揭露形而上學無意義的活動。他肯定了唯我論和神祕主義。《邏輯哲學論》的結束語是：「對於我們不可說的東西，我們必須保持沉默。」

　　現在我們轉而論述對艾耶爾的哲學思想有深刻影響的維也納學派現象論分析傳統。首先，我們要談談維也納學派在1929年發

表的宣言《科學的世界觀：維也納學派》。這篇宣言是獻給石里克的，這也部分地說明了爲什麼這個宣言對現象論作了很大的讓步。例如，宣言說，每一個科學陳述的意義都必須通過還原到一個關於予料的陳述才是可陳說的；並且要求每一個概念都同樣可能根據卡爾納普的《世界的邏輯構造》中的等級階梯進行還原。維也納學派的宣言強調了以下三點：1. 把形而上學的命題當作無意義的東西加以排除，2. 不存在作爲基礎的或作爲普遍科學而與經驗科學相並列或凌駕於經驗科學之上的哲學，3. 邏輯和數學的眞命題具有重言式的性質。

石里克是維也納學派公認的首領。他認爲科學的任務是「尋求眞理」，哲學的任務是「尋求意義」，哲學是尋求意義的活動。怎樣來決定一個命題的意義呢？這就要用證實原則。石里克提出了如下的證實原則：陳述一個句子的意義，就等於陳述使用這個句子的規則，這也就是陳述證實（或否證）這個句子的方式；一個命題的意義，就是證實它的方法。他指出，沒有一種理解意義的辦法不需要最終涉及實指定義，這就是說，顯然全都要涉「經驗」或「證實的可能性」。例如，我們說兩個在不同地點的事件同時發生，是什麼意思？這就是描述一種實際確定這兩個事件同時發生的實驗方法。石里克強調，證實可能性是一種邏輯上的可能性，不依賴任何「經驗眞理」，不依賴某一自然規律或任何其它眞的一般命題，而是僅僅爲我們的定義所決定，爲我們語言中確定的規則所決定，或者說，爲那些我們在任何時候均可隨意規定的規則所決定。這些規則最終統統指向實指定義，通過這些實指定義，可證實性就同「直接的感覺材料」即經驗聯繫起來了。表達規則要以那些可以加上名稱的感覺材料和情況爲前

提，可表達性就是可證實性。例如，「月亮的背面是什麼樣子」
這個問題是可以回答的，可以通過描述一個在月亮背面某個地方
的人所看到和接觸到的情況來回答。至於圍繞月亮旅行這件事對
於人在物理上是否可能的問題，在這裏是不必提出的，它是無關
的。即使可以指出，到另一個天體上同己知的自然規律絕對不相
容，關於月亮背面的命題仍然是有意義的。既然我們這個句子把
空間中的某些地方說成充滿著物質（這就是「月亮的一面」這幾
個詞所表示的），如果我們能夠指出，具有「這個地方充滿了物
質」這種形式的命題在什麼情況下會被稱爲眞的或假的，這個命
題就會有意義。「某個地方的物理實體」這一概念，是物理學、
幾何學語言下了定義的。幾何學本身就是我們關於「空間」關係
的命題的語法，這就很容易看出，那些關於物理特性和空間關係
的論斷是如何通過實指定義同「感覺材料」聯繫起來的。這實際
上是把包含「物理實體」一詞的命題還原爲關於感覺材料的命
題。可見，石里克把證實原則建立在現象論的基礎上，並將邏輯
上的可證實性同實際的可證實性加以區分。他從證實原則出發，
對「自我中心的困境」或唯我論的問題提出了解決的辦法。他認
爲，看到原始經驗不是第一人稱的經驗，也就是說，原始經驗是
絕對中立的，直接感覺材料是沒有所有者的，這是一個最重要的
步驟，採取這個步驟，才能使哲學上的許多深奧問題得到澄清。
另一方面，要反對把被稱爲「自我」、「心靈」或「意識」的主
體「嵌入」身體之內或頭腦裏的錯誤。當我看到一片綠色的草地
時，「綠色」被稱爲我的意識的內容，但它確實不在我的頭腦
裏。石里克認爲，如果避免了嵌入的錯誤，就可避免唯我論的錯
誤。現在我們來看一看他怎樣解決「自我中心的困境」。首先有

一個經驗的事實：所有的感覺材料都以這樣或那樣的方式依賴某個身體的狀況，這個身體的眼睛和背部永遠不能被自己所看見（除非通過鏡子）。這個身體通常叫做「我的」身體，今將它叫做「M」。上述依賴關係可表達為：除非身體M的感官受到刺激，「我是不感知任何東西的」。舉個特殊的例子，可作出以下陳述：

「只有當身體M受傷時，我感到疼痛。」（P）

這個陳述稱為「命題P」。現在再看以下的一個命題，稱為「命題Q」：

「我只能夠感覺到我的疼痛。」（Q）

對命題Q可作出不同解釋。第一，它可以被認為同P等值，這樣P和Q就是表達同一個經驗事實的兩種不同方式。在Q中出現的「能夠」一詞就是指「經驗的可能性」的東西，「我」和「我的」這兩個詞就是指身體M。在這裏，Q是對一個經驗事實的描述，也就是說，是對我們完全能夠將它想像成另一種樣子的經驗事實的描述。我們可以想像：每當我的朋友的身體受傷時，我就體驗到一種疼痛；每當他的臉上呈現出一種快樂的表情時，我便感到高興；每當他走了很長的一段路之後，我就感到疲倦；等等。命題Q（與P等值）否認上述情況會發生，但是如果這些事情果真發生了，那就證明Q是假的。所以，我們是通過描述那些使Q真的事實，以及另一些使Q假的事實來指明Q（或P）的意

義的。如果後一些事實發生了，我們的世界就會同我們現在實際
生活著的世界有所不同；「感覺材料」的特性就會依賴於其他人
的身體（或只依賴其中一個人的身體），就像依賴身體Ｍ一樣。
這個虛構的世界在邏輯上是可能的。假定它是真實的，這樣，命
題Ｐ就會是假的。現在我們主張Ｑ的意義仍然和Ｐ的意義相同，
在這樣情況下，Ｑ就是假的，並且能被一個真的命題所代替，這
個真命題就是：

> 「我能夠感覺到某個別人的疼痛，
>
> 　就和感到我自己的疼痛一樣。」（Ｒ）

命題Ｒ說的是：「疼痛」這個材料不僅當Ｍ受傷時出現，而且當
某個別的身體（比如Ｏ）受到某種傷害時也會出現。這就不會導
至唯我論。如果感覺材料也依賴別的身體Ｏ（它同身體Ｍ的區別
只是在某些經驗方面，而不是在原則方面），那就再沒有理由把
感覺材料叫做「我自己的」了。其他的身體Ｏ將有同樣的權利被
當作感覺材料的所有者或擁有者。Ｏ和Ｍ是對等的，自我中心的
困境就消失了。第二，我們可以考察一下給予Ｑ的第二種解釋。
唯我論者會說，即使當另一個身體Ｏ受傷時我都感到疼痛，我也
決不會說「我感到Ｏ的疼痛」，而總是說「我的疼痛是在Ｏ的身
體裏」。唯我論者拒絕命題Ｒ，用下面的命題Ｓ取而代之：

> 「我感覺到別的身體裏的疼痛，
>
> 　就像感覺到我自己身體裏的疼痛一樣。」（Ｓ）

他要堅持的是，我所感覺到的任何疼痛必須叫做我的疼痛，不管這種疼痛是在哪裏感覺到的。爲此，他斷定：

「我只能夠感覺到我的疼痛。」（T）

從字面上說，T與Q是一樣的。把「能夠」和「我的」加上著重號是爲了說明唯我論者使用它們時的意義與在 Q 中（Q與P同義）是不同的。在T中，「我的疼痛」不是意味「在身體M中的疼痛」，也可以在另外一個身體O中。石里克認爲，唯我論者的T命題是無意義的。「我的」這個詞並不表示任何意思。它是一個完全可以略去的多餘字眼。按照唯我論者的定義，「我感到疼痛」和「我感到我的疼痛」是一個意思，因此「我的」一詞在句子裏是完全沒有作用的。如果他說，「我感到的疼痛是我的疼痛」，那他只是說了一句同語反覆的話，因爲他不允許把「你的」或「他的」同「我感到疼痛」連在一起使用，而總是讓「我的」和「我感到疼痛」連在一起使用。這樣，命題T就是一個同語反覆，它不斷定任何事情，只指出一個關於字的用法的規則，它本身是沒有意義的。石里克認爲，R和S並不是對我們所描述的某種事態的不同解釋，而只是這種描述的詞句的不同的表達而已。R和S並不是兩個命題，而是用兩種不同的語言來表達的同一個命題。唯我論者排斥R的語言而主張S的語言，從而採用了一套用語，使Q成爲同語反覆，把Q變成了T。石里克得出結論說，感覺材料沒有什麼所有者或承擔者，經驗不是主觀的，而是中立的。「所有的經驗都是第一人稱的經驗」這句話，要麼是指所有的感覺材料都在某些方面依賴我的身體M的神經系統狀態這

一經驗事實，要麼便是無意義的。在這個生理學的事實被發現之前，經驗根本不是「我的」經驗，它是自足的，不屬於任何身體。「自我是世界的中心」這個命題可以被認爲是對上面所說的這一事實的表達；它只在涉及身體時才有意義。「自我」這個概念是建立在同一個事實上的一個構造，我們可以很容易地想像這樣一個世界：在其中，「自我」這個概念還沒有形成，在「我」之內的東西和在「我」之外的東西並沒有什麼不可逾越的鴻溝；相應於命題R或其它類似命題的事件都是規則。在這些情況下，根本不會陷入「自我中心的困境」，試圖表達這種困境的語句都是無意義的。石里克十分強調分析命題和綜合命題的區分，反對康德關於有先驗綜合命題的觀點，認爲所有真的先驗命題，如邏輯的和數學的命題，都是分析的，即它們都是重言式。如果像「每個音調都有確定的音高」和「一塊綠色的地方不會又是紅的」這樣的命題可以被認爲是先驗的，或無須涉及經驗就能被認識，那麼要說它們是關於事實的就難以成立。它們完全由所涉及的詞彙的使用規則來決定；如果已知詞彙的意義，則命題是先驗的，是重言式，同其它先驗命題是一樣的；作爲沒有說出任何東西的陳述，它們不提供任何知識。他把真的分析命題即重言式命題表述爲：這些命題的真只屬於用來表達它們的記號的意義，而沒有任何事實的內容。他認爲，形而上學的命題既不是分析的，又不是綜合的，是應當排除的無意義的命題。關於哲學基本問題的爭論都是無意義的爭論，這些爭論的發生僅僅是由於使用了錯誤的語言去對世界作了不適當的描述，所以重大哲學問題的解決，就在於澄清語言的意義，進行語言的邏輯分析。

　　卡爾納普的早期現象論分析比較全面、系統地發展了石里克

的現象論觀點，其代表作是1928年出版的《世界的邏輯構造》。卡爾納普把這部著作所採取的立場稱爲方法論的唯我主義，也就是說，這種唯我主義不具有本體論意義。他追隨馬赫 (Ernst Mach, 1838-1916) 、詹姆士和羅素，以他自己特有的方式，把構成個人在某一時刻的當下經驗的整個要素系列當作他的出發點，並且企圖表明，描述世界所需要的整套概念是怎樣通過運用羅素的邏輯，在記憶相似性的唯一經驗關係的基礎上，一步一步地構造出來的。這種經驗關係被當作認識論的原始關係而挑選出來。卡爾納普認爲，《世界的邏輯構造》中提出的中心問題，並不是像各種物體的實在性、唯心論與實在論的衝突那些虛假的形而上學問題。認識論的中心不是依次敍述認識過程各個階段的心理學問題，也不是關於蘊涵關係性質的邏輯問題，而是要提出一種證實的分析，它從已知事物出發，一步步追溯命題的意義，直到將命題牢固地建立在認識的基本要素之上。例如，我對另一個人的思想的陳述，可以通過我對他的行爲的陳述來追溯，最終建立在關於我的直接經驗的陳述上面。認識論主要涉及的關係是定義關係。通過這一關係，有關事物的複雜命題就由一系列定義與基本的認識論命題連結起來。根據適當的變換規則，一個事物或一類事物在過程中每一步都獲得更爲基本的定義。例如，小數可以通過整數來定義，素數可以通過只以 1 與自身爲因子的自然數來定義，發怒可以通過身體反應來定義。如果同樣的術語能滿足兩個命題，這兩個命題就是等價的。卡爾納普的定義是外延的，其系統也是外延的。他的概念系統的基礎有兩個方面：選擇基始要素和選擇基始關係。基始要素是基本體驗，即在瞬間體驗到的東西的未被分割的整體。系統的唯一的基始關係是對相似性的記

憶關係（簡稱記憶相似關係），即一個基本體驗（在整個體驗流
中的一個確定的點）與另一個基本體驗（該體驗流中的另一個
點）之間的相似關係。只有這種基始關係被當作基始概念引入系
統的結構之中。由此構成一系列合乎邏輯的定義，在這一系列
中，每一個更爲複雜的命題均以更爲簡單的命題來進行分析，直
到記憶相似關係；也就是說，把全部經驗概念都還原爲記憶相似
關係。卡爾納普首先構成體現感覺性質或知覺性質的性質類別。
從性質類別得到感覺類別（同一個感覺領域的性質的種類）。在
這種情況下，單個的感覺領域可以用純形式方法通過屬於它的維
數而挑選出來。例如，視覺與其它感覺領域的不同在於：它是五
維的結構；因爲顏色有三維（色調、濃度和亮度），而視野還另
有二維空間序列。最後，在單個感覺領域中還可以構成質的組成
部分。在推導出視野位置之後，就可以構成視野的第一個空間序
列，最後，根據記憶而構成基本體驗的起始的時間序列。卡爾納
普的構造是從一般到特殊，最後被構成的東西是感覺。他把感覺
定義爲：由基本體驗和性質的類構成的有序偶。在構成人的心理
對象之後，就要構造中層和更高層次的概念：首先是感覺世界，
第二是物質世界，第三是他人的意識世界，第四是精神對象或文
化對象的世界。最高的層次是經驗的現實這個概念。所有這些概
念最後只是表現基本體驗之間的關係。卡爾納普的獨創性表現在
對可感對象的構造上。他認爲，要揭示命題的意義或對象的實在
性，唯一能做的是將有關對象的命題追溯到它的經驗根源。這並
不是說，每一個有意義的命題都是已證實的命題；而是說，每一
個有意義的命題必須至少與某種有意義的經驗證實有關。卡爾納
普在1932年的《通過語言的邏輯分析清除形而上學》中還提出了

不少重要觀點。他指出，一個陳述的意義就在於它的證實方法。一個陳述所斷言的只是它的可以證實的那麼多。因此，一個句子如果真的用來斷言一些什麼的話，就只能斷言一個經驗命題。如果一樣東西在原則上越出了可能經驗的範圍，這樣東西就是不可言說、不可思議、也不能提問的。有意義的陳述分成好幾類：1. 重言式或分析命題。關於實在，它們什麼也沒有說。邏輯和數學公式屬於這一類。它們本身並不是事實的陳述，只用來使這種陳述變換形式。2. 這些陳述的否定（矛盾式）。它們自相矛盾，因而根據自身的形式便是假的。3. 經驗陳述，屬於經驗科學的範圍，其真假的判定在於記錄句子。卡爾納普強調指出，人們意圖構成的任何陳述，如不屬於這些範疇，便自動變成無意義的。形而上學既不想斷言分析命題，也不想落入經驗科學領域，它使用一些無意義的詞，或把一些有意義的詞組合起來，使它們既不產生分析的（或矛盾的）陳述，也不產生經驗陳述；在這兩種情況下，僞陳述都是必然的產物。僞陳述貌似一個陳述，實際上並不構成一個陳述，是無意義的。形而上學的陳述有兩類。第一類是包含一個無意義的詞，即包含不能指出其經驗特徵的詞，這些詞如「本原」、「神」、「本質」、「自我」、「物自體」、「絕對」、「無限」、「絕對精神」等。第二類是組成句子的詞雖然有意義，但是以一種違反句法的方式湊在一起，因而並不構成一個有意義的陳述。卡爾納普根據這樣的分析，指出全部形而上學都是無意義的，提出了「清除形而上學」的口號。他認爲哲學只是一種邏輯分析方法。這種方法的消極應用是清除無意義的詞、無意義的僞陳述。在積極的應用方面，它用以澄清有意義的概念和命題，爲事實科學和數學奠定邏輯基礎。

　　以上我們簡括地敍述了英國經驗論傳統和維也納學派的現象論分析傳統中一些主要哲學家的哲學思想，現在我們可以拿艾耶爾在四個時期的哲學觀點與之對照，不難看出，艾耶爾的觀點在上述兩個傳統中都能找到原型。例如，艾耶爾關於分析命題和綜合命題之區分以及證實原則的論述來自休謨、維特根斯坦、石里克和卡爾納普的有關論述；他關於哲學是一種分析活動的觀點來自穆爾、羅素、石里克、卡爾納普；他的現象論的還原論來自貝克萊的觀念論、穆勒關於事物是感覺恒久可能性的理論、羅素的邏輯構造論和石里克的還原論；他的現象論的構造論來自卡爾納普的世界構造論；他關於他心問題的行爲主義解決方案來自貝克萊和卡爾納普，類比論證的解決方案來自羅素；他對於自我中心困境的解決方案來自石里克；他的實在論（即在知識論時期和構造論時期提出的感覺經驗實在論和思辨實在論）來自穆爾和羅素的實在論思想， 特別是羅素從感覺「 推論」 物質事物的觀點，休謨關於印象作用的理論，還有石里克的原始經驗中立論；他對歸納法問題的解決來自休謨；他關於只有一種邏輯必然性的觀點來自維特根斯坦。如此等等，我們不再一一列舉。由此可以清楚地看出，艾耶爾的哲學思想是兩種經驗論傳統的綜合。由此也可以合理地解釋，艾耶爾的哲學思想多變的原因，這就是：他在其思想發展的過程中，時而吸取、借鑒某些先驅者的觀點，時而又將其拋棄，轉而採用另一些先驅者的觀點，如關於他心問題的行爲主義解決方案和類比論證的解決方案之間的選擇、現象論的還原論和構造論之間的選擇，就是如此。當然，艾耶爾在綜合他的先驅者的思想時，並不是簡單地把它們融合起來，而是有所取捨的。例如，他捨棄了貝克萊的有神論、休謨的心理習慣因果論，

在他後來思想的發展中捨棄了他曾經採納過的現象論還原論、關於他心問題的行爲主義解釋和類比論證的辯護方案。

艾耶爾在綜合兩種傳統的經驗論過程中有哪些創新呢？我以爲有以下幾點：

第一，他對證實原則作了新的表述。他引進了直接可證實和間接可證實的概念，並用它們來界定證實原則。

第二，他對現象論的還原論作了致命的批判，並且明確地提出了現象論的構造論來取而代之。

第三，他將知識論與懷疑論緊密結合在一起進行考察，提出了懷疑論論證的一般模式，得出整個知識論就是對懷疑論模式的一組不同的答覆這個結論。

第四，他對解決他心問題的行爲主義方案和類比論證的缺陷作了深刻的批評，提出了自己的歸納辯護方案和用思辨實在論進行整體辯護的方案。

第五，他提出了用可感料（包括模式）及其特殊化的標準知覺結果（即視—觸連續料）構造物質世界的思辨實在論，使兩種傳統的經驗論具有了一種最終的形式。

綜上所說，我們可以得出如下結論：艾耶爾的哲學是英國經驗論傳統和維也納學派的現象論分析傳統的綜合，同時也是這兩種傳統的終結，賦予經驗論以一種最新的形式。

艾耶爾的哲學思想在哲學史上曾有一定的影響。他的代表作《語言、眞理和邏輯》一書在1936年出版後，對傳播邏輯實證主義起了重大作用，取得了有點像教科書的地位。但是，隨著邏輯實證主義的衰落和邏輯實用主義、科學哲學的興起，艾耶爾經驗論的影響日益縮小。總的說來，艾耶爾在哲學史上的貢獻是創造

性地融合了兩種經驗論傳統，捍衛和發展了經驗論。但是，艾耶爾在哲學史上並沒有開闢一個新的哲學方向；而和艾耶爾一樣，同維也納學派有密切聯繫的蒯因、波普爾則在哲學領域內分別開闢了邏輯實用主義和科學哲學的新方向，他們二人堪稱哲學中的革新者。因此，艾耶爾與他的兩個同時代人相比，他在哲學史上的地位遠遜於蒯因和波普爾，其影響也比他們二人小得多。

艾耶爾生平大事年表

1910年

10月29日生於倫敦。

1923-1929年

在伊頓公學讀書。

1929-1932年

在牛津大學基督教會學院學習，畢業時獲文學學士學位。

1932-1933年

前去維也納，在維也納學派創始人石里克的指導下進修。

1933年

返回牛津後任牛津大學基督學院哲學講師。

1936年

在牛津獲文學碩士學位。第一部成名著作《語言、眞理和邏輯》出版。

1940年

《經驗知識的基礎》出版。

1940-1945年

參加英國軍隊，任文職官員。1943年升任上尉，1945年退役。

1945年

　　退役後回到牛津，任沃德姆學院研究員。

1946-1959年

　　任倫敦大學格羅特講座精神哲學和邏輯學教授。

1946年

　　《語言、眞理和邏輯》第二版（增寫了長篇導論）出版。

1947年

　　《思維和意義》出版。

1952年

　　當選爲不列顚科學院院士。

1954年

　　《哲學論文集》出版。訪問中國，在北京大學作了關於當
代英國哲學的講演。

1956年

　　《知識問題》出版。

1959年

　　從這一年開始，任牛津大學威克漢姆講座邏輯學教授。

1962年

　　獲布魯塞爾大學名譽博士學位。

1963年

　　被授予美國科學 院名譽院士稱號 。《 人的概念和其它論
文》出版。

1968年

　　《實用主義的起源》出版。

1969年

《形而上學和常識》出版。

1971年

《羅素和穆爾：分析的傳統》出版。

1972年

《概率和證據》、《羅素》兩書出版。

1973年

《哲學的中心問題》出版。

1978年

退休。

1979年

被封爲爵士。

1980年

《休謨》出版。

1982年

《二十世紀哲學》出版。

1984年

《自由和道德及其它論文》出版。

1985年

《維特根斯坦》出版。

1989年

逝世。

主要參考文獻

Ayer, A.J. *Language, Truth and Logic*, 1 edition 1936, 2 edition 1946, Victor Gollancz Ltd.

_____ *The Foundation of Empirical Knowledge*, St Martins Library, 1940.

_____ *Philosophical Essays*, Macmillan, 1954.

_____ *The Problem of Knowledge*, Pelican, 1956.

_____ *The Central Question of Philosophy*, Pelican, 1973.

_____ *Philosophy in the Twentieth Century*, Weidenfeld & Nicolson, 1982.

Ayer, A.J. and Other *The Revolution in Philosophy*, Macmillan, 1957.

Ayer, A.J. (ed.) *Logical Positivism*, The Free Press, 1959.

Foster, J. *Ayer*, Routledge & Kegan Paul, 1985.

Hill, T.E. *Contemporary Theories of Knowledge*, The Ronald Press Company, N.Y., 1961.

Quine, W.V.O. *From a Logical Point of View*, 2

edition, revised, Harvard University Press, 1980.

Russell, B. *A History of Western Philosophy*, George Allen and Unwin Ltd., 1955.

洪謙主編 《邏輯經驗主義》（上下卷），商務印書館，北京，1982-1984.

索　引

世界哲學家叢書 (十)

書　　　　　名	作　　者	出版狀況
德　　日　　進	陳澤民	撰稿中
朋　諤　斐　爾	卓新平	撰稿中

書　　　　名	作　　者	出版狀況
馮・賴特	陳　波	撰稿中
赫爾	馮耀明	撰稿中
帕爾費特	戴華	撰稿中
梭羅	張祥龍	撰稿中
愛默生	陳　波	撰稿中
魯一士	黃秀璣	已出版
珀爾斯	朱建民	撰稿中
詹姆斯	朱建民	撰稿中
杜威	葉新雲	撰稿中
蒯因	陳　波	已出版
帕特南	張尚水	撰稿中
庫恩	吳以義	排印中
費耶若本	苑舉正	撰稿中
拉卡托斯	胡新和	撰稿中
洛爾斯	石元康	已出版
諾錫克	石元康	撰稿中
海耶克	陳奎德	撰稿中
羅蒂	范進	撰稿中
喬姆斯基	韓林合	撰稿中
馬克弗森	許國賢	已出版
希克	劉若韶	撰稿中
尼布爾	卓新平	已出版
默燈	李紹崑	撰稿中
馬丁・布伯	張賢勇	撰稿中
蒂里希	何光滬	撰稿中

世界哲學家叢書 (八)

書　　　名	作　　者	出版狀況
馬　賽　爾	陸　達　誠	已　出　版
梅露・彭廸	岑　溢　成	撰　稿　中
阿　爾都塞	徐　崇　溫	撰　稿　中
葛　蘭　西	李　超　杰	撰　稿　中
列　維　納	葉　秀　山	撰　稿　中
德　希　達	張　正　平	撰　稿　中
呂　格　爾	沈　清　松	撰　稿　中
富　　　科	于　奇　智	撰　稿　中
克　羅　齊	劉　綱　紀	撰　稿　中
布　拉　德雷	張　家　龍	撰　稿　中
懷　特　海	陳　奎　德	已　出　版
愛　因　斯坦	李　醒　民	撰　稿　中
玻　　　爾	戈　　革	已　出　版
卡　納　普	林　正　弘	撰　稿　中
卡爾・巴柏	莊　文　瑞	撰　稿　中
坎　培　爾	冀　建　中	撰　稿　中
羅　　　素	陳　奇　偉	撰　稿　中
穆　　　爾	楊　樹　同	撰　稿　中
弗　雷　格	王　　路	排　印　中
石　里　克	韓　林　合	已　出　版
維　根　斯坦	范　光　棣	已　出　版
艾　耶　爾	張　家　龍	已　出　版
賴　　　爾	劉　建　榮	撰　稿　中
奧　斯　丁	劉　福　增	已　出　版
史　陶　生	謝　仲　明	撰　稿　中

世界哲學家叢書 (七)

書 名	作 者	出版狀況
普 列 哈 諾 夫	武 雅 琴	撰 稿 中
約 翰 彌 爾	張 明 貴	已 出 版
狄 爾 泰	張 旺 山	已 出 版
弗 洛 伊 德	陳 小 文	已 出 版
阿 德 勒	韓 水 法	撰 稿 中
史 賓 格 勒	商 戈 令	已 出 版
布 倫 坦 諾	李 河	撰 稿 中
韋 伯	陳 忠 信	撰 稿 中
卡 西 勒	江 日 新	撰 稿 中
沙 特	杜 小 眞	撰 稿 中
雅 斯 培	黃 藿	已 出 版
胡 塞 爾	蔡 美 麗	已 出 版
馬 克 斯・謝 勒	江 日 新	已 出 版
海 德 格	項 退 結	已 出 版
漢 娜 鄂 蘭	蔡 英 文	撰 稿 中
盧 卡 契	謝 勝 義	撰 稿 中
阿 多 爾 諾	章 國 鋒	撰 稿 中
馬 爾 庫 斯	鄭 湧	撰 稿 中
弗 洛 姆	姚 介 厚	撰 稿 中
哈 伯 馬 斯	李 英 明	已 出 版
榮 格	劉 耀 中	已 出 版
柏 格 森	尚 新 建	撰 稿 中
皮 亞 傑	杜 麗 燕	已 出 版
別 爾 嘉 耶 夫	雷 永 生	撰 稿 中
索 洛 維 約 夫	徐 鳳 林	已 出 版

世界哲學家叢書 (六)

書　　　　名	作　者	出　版　狀　況
洛　　　　克	謝啟武	撰　稿　中
巴　克　萊	蔡信安	已　出　版
休　　　　謨	李瑞全	已　出　版
托馬斯・銳德	倪培林	撰　稿　中
梅　里　葉	李鳳鳴	撰　稿　中
狄　德　羅	李鳳鳴	撰　稿　中
伏　爾　泰	李鳳鳴	已　出　版
孟德斯鳩	侯鴻勳	已　出　版
盧　　　　梭	江金太	撰　稿　中
帕　斯　卡	吳國盛	撰　稿　中
達　爾　文	王道遠	撰　稿　中
施萊爾馬赫	鄧安慶	撰　稿　中
康　　　　德	關子尹	撰　稿　中
費　希　特	洪漢鼎	排　印　中
謝　　　　林	鄧安慶	已　出　版
黑　格　爾	徐文瑞	撰　稿　中
叔　本　華	鄧安慶	撰　稿　中
祁　克　果	陳俊輝	已　出　版
尼　　　　采	商戈令	撰　稿　中
彭　加　勒	李醒民	已　出　版
馬　　　　赫	李醒民	已　出　版
迪　　　　昂	李醒民	撰　稿　中
費爾巴哈	周文彬	撰　稿　中
恩　格　斯	李步樓	撰　稿　中
馬　克　斯	洪鎌德	撰　稿　中

世界哲學家叢書 (五)

書　　　　名	作　　者	出版狀況
楠　本　端　山	岡田武彥	已　出　版
吉　田　松　陰	山口宗之	已　出　版
福　澤　諭　吉	卞　崇　道	撰　稿　中
岡　倉　天　心	魏　常　海	撰　稿　中
中　江　兆　民	畢　小　輝	撰　稿　中
西　田　幾　多　郎	廖　仁　義	撰　稿　中
和　辻　哲　郎	王　中　田	撰　稿　中
三　　木　　清	卞　崇　道	撰　稿　中
柳　田　謙　十　郎	趙　乃　章	撰　稿　中
柏　　　拉　　　圖	傅　佩　榮	撰　稿　中
亞　里　斯　多　德	曾　仰　如	已　出　版
伊　壁　鳩　魯	楊　　　適	撰　稿　中
愛　比　克　泰　德	楊　　　適	撰　稿　中
柏　　　羅　　　丁	趙　敦　華	撰　稿　中
聖　奧　古　斯　丁	黃　維　潤	撰　稿　中
安　　瑟　　倫	趙　敦　華	撰　稿　中
安　　薩　　里	華　　　濤	撰　稿　中
伊　本・赫　勒　敦	馬　小　鶴	已　出　版
聖　多　瑪　斯	黃　美　貞	撰　稿　中
笛　　卡　　兒	孫　振　青	已　出　版
蒙　　　　　田	郭　宏　安	撰　稿　中
斯　賓　諾　莎	洪　漢　鼎	已　出　版
萊　布　尼　茨	陳　修　齋	已　出　版
培　　　　　根	余　麗　嫦	撰　稿　中
托　馬　斯・霍　布　斯	余　麗　嫦	已　出　版

世界哲學家叢書 (四)

書　　　　名	作　　者	出 版 狀 況
世　　　　親	釋　依　昱	撰　稿　中
商　羯　羅	黃　心　川	撰　稿　中
維韋卡南達	馬　小　鶴	撰　稿　中
泰　戈　爾	宮　　　靜	已　出　版
奧羅賓多·高士	朱　明　忠	已　出　版
甘　　　　地	馬　小　鶴	已　出　版
尼　　赫　魯	朱　明　忠	撰　稿　中
拉達克里希南	宮　　　靜	撰　稿　中
元　　　　曉	李　箕　永	撰　稿　中
休　　　　靜	金　煥　泰	撰　稿　中
知　　　　訥	韓　基　斗	撰　稿　中
李　栗　谷	宋　錫　球	已　出　版
李　退　溪	尹　絲　淳	撰　稿　中
空　　　　海	魏　常　海	撰　稿　中
道　　　　元	傅　偉　勳	排　印　中
伊藤仁齋	田　原　剛	撰　稿　中
山鹿素行	劉　梅　琴	已　出　版
山崎闇齋	岡田武彥	已　出　版
三宅尚齋	海老田輝巳	已　出　版
中江藤樹	木村光德	撰　稿　中
貝原益軒	岡田武彥	已　出　版
荻生徂徠	劉　梅　琴	撰　稿　中
安藤昌益	王　守　華	撰　稿　中
富永仲基	陶　德　民	撰　稿　中
石田梅岩	李　甦　平	撰　稿　中

世界哲學家叢書 (三)

書　　　　名	作　　者	出　版　狀　況
澄　　　　　觀	方　立　天	撰　稿　中
宗　　　　　密	冉　雲　華	已　　出　　版
永　明　延　壽	冉　雲　華	撰　稿　中
湛　　　　　然	賴　永　海	已　　出　　版
知　　　　　禮	釋　慧　嶽	排　印　中
大　慧　宗　杲	林　義　正	撰　稿　中
袾　　　　　宏	于　君　方	撰　稿　中
憨　山　德　清	江　燦　騰	撰　稿　中
智　　　　　旭	熊　　　琬	撰　稿　中
康　　有　　爲	汪　榮　祖	撰　稿　中
譚　　嗣　　同	包　遵　信	撰　稿　中
章　　太　　炎	姜　義　華	已　　出　　版
熊　　十　　力	景　海　峰	已　　出　　版
梁　　漱　　溟	王　宗　昱	已　　出　　版
胡　　　　　適	耿　雲　志	撰　稿　中
金　　岳　　霖	胡　　　軍	已　　出　　版
張　　東　　蓀	胡　偉　希	撰　稿　中
馮　　友　　蘭	殷　　　鼎	已　　出　　版
唐　　君　　毅	劉　國　強	撰　稿　中
牟　　宗　　三	鄭　家　棟	撰　稿　中
宗　　白　　華	葉　　　朗	撰　稿　中
湯　　用　　彤	孫　尚　揚	撰　稿　中
賀　　　　　麟	張　學　智	已　　出　　版
龍　　　　　樹	萬　金　川	撰　稿　中
無　　　　　著	林　鎮　國	撰　稿　中

世界哲學家叢書（二）

書　　　　名	作　　者	出版狀況
胡　　　　宏	王　立　新	排　印　中
朱　　　　熹	陳　榮　捷	已　出　版
陸　　象　　山	曾　春　海	已　出　版
陳　　白　　沙	姜　允　明	撰　稿　中
王　　廷　　相	葛　榮　晉	已　出　版
王　　陽　　明	秦　家　懿	已　出　版
李　　卓　　吾	劉　季　倫	撰　稿　中
方　　以　　智	劉　君　燦	已　出　版
朱　　舜　　水	李　甦　平	已　出　版
王　　船　　山	張　立　文	撰　稿　中
眞　　德　　秀	朱　榮　貴	撰　稿　中
劉　　蕺　　山	張　永　儁	撰　稿　中
黃　　宗　　羲	吳　　　光	撰　稿　中
顧　　炎　　武	葛　榮　晉	撰　稿　中
顏　　　　元	楊　慧　傑	撰　稿　中
戴　　　　震	張　立　文	已　出　版
竺　　道　　生	陳　沛　然	已　出　版
眞　　　　諦	孫　富　支	撰　稿　中
慧　　　　遠	區　結　成	已　出　版
僧　　　　肇	李　潤　生	已　出　版
智　　　　顗	霍　韜　晦	撰　稿　中
吉　　　　藏	楊　惠　南	已　出　版
玄　　　　奘	馬　少　雄	撰　稿　中
法　　　　藏	方　立　天	已　出　版
惠　　　　能	楊　惠　南	已　出　版

世界哲學家叢書 (一)

書　　　　名	作　　　者	出版狀況
孔　　　　子	韋　政　通	撰　稿　中
孟　　　　子	黃　俊　傑	已　出　版
荀　　　　子	趙　士　林	撰　稿　中
老　　　　子	劉　笑　敢	撰　稿　中
莊　　　　子	吳　光　明	已　出　版
墨　　　　子	王　讚　源	撰　稿　中
公　孫　龍　子	馮　耀　明	撰　稿　中
韓　非　子	李　甦　平	撰　稿　中
淮　南　子	李　　　增	已　出　版
賈　　　　誼	沈　秋　雄	撰　稿　中
董　仲　舒	韋　政　通	已　出　版
揚　　　　雄	陳　福　濱	已　出　版
王　　　　充	林　麗　雪	已　出　版
王　　　　弼	林　麗　真	已　出　版
郭　　　　象	湯　一　介	撰　稿　中
阮　　　　籍	辛　　　旗	撰　稿　中
嵇　　　　康	莊　萬　壽	撰　稿　中
劉　　　　勰	劉　綱　紀	已　出　版
周　敦　頤	陳　郁　夫	已　出　版
邵　　　　雍	趙　玲　玲	撰　稿　中
張　　　　載	黃　秀　璣	已　出　版
李　　　　覯	謝　善　元	已　出　版
楊　　　　簡	鄭　曉　江	撰　稿　中
王　安　石	王　明　蓀	已　出　版
程　顥、程　頤	李　日　章	已　出　版